CUISINE
pour campeur

CUISINE
pour campeur

LE GUIDE POUR CAMPEURS ET RANDONNEURS AFFAMÉS

DON ET PAM PHILPOTT

éditions
les malins

Table des matières

INTRODUCTION

Chaque année, le rythme de vie augmente, les routes deviennent de plus en plus congestionnées et la pression ressentie dans la jungle urbaine est chaque jour plus intense. Il n'est donc pas surprenant que de plus en plus de gens cherchent à s'évader dans la nature pour fuir les foules et le stress quotidien et pour respirer un peu d'air frais en faisant de l'exercice dans le calme et la tranquillité. De Montréal à Québec, et de Chicoutimi à Percé, des millions de personnes s'évadent en nature dès qu'ils en ont la chance.

Des montagnes à l'Atlantique, en passant par les rochers escarpés et les littoraux, il existe encore de vastes étendues de campagne et de nature sauvage à explorer. On trouve des dizaines de milliers de longs sentiers, de pistes équestres et de pistes cyclables. Il existe aussi un environnement qui se transforme au gré des saisons et qui offre toujours de nouveaux panoramas et de nouveaux défis. Vous éprouverez une grande satisfaction lors de vos séjours dans la nature si vous parvenez à identifier les oiseaux, les arbres et les fleurs qui vous entourent. Vous apprécierez encore plus la splendeur de l'environnement si vous pouvez identifier les empreintes d'animaux ainsi que les différentes formations géologiques et géographiques.

En Grande-Bretagne, plus de six millions de personnes se baladent régulièrement dans les campagnes et les parcs nationaux écossais, gallois et anglais. En Amérique du Nord, les marcheurs parcourent des billions de kilomètres chaque année. Les parcs nationaux américains attirent annuellement 227 millions de visiteurs, dont 1,9 million s'aventure en nature pour camper, tandis que l'Australie et la Nouvelle-Zélande offrent d'innombrables possibilités pour combler les désirs des amants de la nature. Les parcs nationaux et provinciaux canadiens attirent annuellement près de 25 millions de visiteurs, la plupart d'entre eux cherchant à se balader, à faire de la randonnée ou à faire du camping.

N'allez toutefois pas croire qu'il vous faut transporter un sac extrêmement lourd et faire de la randonnée pendant des jours pour profiter des beautés de la nature, bien qu'il s'agisse encore d'une excellente façon d'explorer les endroits plus isolés. Il ne suffit parfois que de quelques heures à l'extérieur de la ville et loin de la télévision pour se ressourcer. L'exercice physique est un autre grand avantage de la randonnée en nature, bien que la majorité des gens qui s'y adonnent disent qu'ils le font plus par amour que par désir de se mettre en forme. Il existe également plusieurs autres avantages à explorer la nature, et la nourriture est l'un d'entre eux. Même le plus beau restaurant du monde ne peut vous offrir une vue aussi spectaculaire que celle dont vous jouissez au sommet d'une montagne que vous venez d'escalader. Aucune cuisine gastronomique ne peut constituer un met aussi satisfaisant que le poisson que vous venez de pêcher et de faire cuire vous-même et, allez savoir pourquoi, le café est toujours plus savoureux lorsqu'on le déguste autour du feu, sous les étoiles.

Très peu d'adeptes de la nature s'adonnent à la marche ou au vélo de montagne dans le but de savourer un plat en nature à la fin de leur journée de labeur physique, mais un bon repas est l'une des meilleures façons de couronner une journée aussi bien remplie. Au cours des dernières années, de nombreux progrès ont été faits dans la conception des équipements de camping, et ce particulièrement dans le domaine des réchauds et des accessoires de cuisine légers. Cuisiner en nature est une excellente façon de savourer un bon repas en compagnie d'amis dans une atmosphère féérique. L'objectif de ce livre est de vous encourager à vous aventurer davantage dans la préparation de petits plats dans la nature. Vous n'avez pas à vous contenter d'une conserve de haricots à chaque repas ou à vous rabattre sur la nourriture déshydratée.

Pendant des années, nous avons fait partie d'un club de randonneurs pédestres qui organisait un concours annuel pour déterminer celui qui pouvait concocter le menu le plus raffiné sur un simple réchaud de camping. Le repas devait inclure quatre services. Deux prix étaient alors remis – l'un pour le meilleur menu de camping, et l'autre pour le meilleur plat concocté à altitude élevée. C'est incroyable de constater à quel point les gens pouvaient être créatifs et aventureux en cuisinant à une altitude de 3000 mètres (10 000 pieds) et plus.

Bien que la plupart d'entre nous n'aient pas à atteindre une telle altitude pour suivre cet exemple, il n'y a aucune raison pour que vos mets ne soient pas aussi alléchants que ceux concoctés lors du concours. Avec les bons ingrédients, il vous est possible de cuisiner des plats succulents et, au fur et à mesure que vous vous familiariserez avec les plantes sauvages, vous pourrez ajouter des herbes fraîches, des feuilles, des champignons et autres comestibles pour rehausser la saveur de vos mets. Avec un peu de préparation et avec les bons accessoires de cuisine, vous pourrez concocter des plats originaux, délicieux, nutritifs et savoureux !

Bon appétit !

Chapitre un

Comment s'y prendre

La plupart des gens qui visitent la campagne préfèrent marcher. Ils conduiront parfois jusqu'au bout d'une vallée ou se gareront dans un stationnement avant d'entreprendre leur marche. S'ils ne s'aventurent que pour quelques heures, ils transporteront un petit sac à dos contenant un équipement imperméable et le strict nécessaire pour la journée, incluant de la nourriture. S'ils décident plutôt de s'aventurer dans la nature et d'explorer des territoires éloignés, ils opteront pour un grand sac à dos pouvant contenir tout ce dont ils auront besoin pour la durée de leur voyage. C'est ici qu'il est important de sélectionner le bon équipement pour ne pas transporter plus de poids que nécessaire. Les équipements modernes de camping incluant les réchauds et les ustensiles de cuisine sont légers, et il n'est plus nécessaire de transiger sur leur qualité.

Si vous vous apprêtez à faire du vélo hors route, vous pouvez transporter un peu plus de matériel dans des sacoches, mais n'oubliez pas que le poids demeure un critère considérable. Si toutefois vous faites partie d'une armée de randonneurs se baladant avec un véhicule 4 x 4, le poids n'est pas un problème, et vous pouvez transporter un gril de camping complet si tel est votre désir. Même si votre aventure dans la nature ne dure qu'une seule journée, rien ne vous empêche de vous garer dans un endroit jouissant d'une vue spectaculaire et de sortir le gril pour vous concocter un bon petit plat avant de reprendre la route.

Dans plusieurs pays du monde, la randonnée à cheval est très populaire. Les cavaliers peuvent alors parcourir la nature tandis que l'ensemble de leur équipement est transporté par un cheval de bât. Vous seriez surpris de constater la quantité d'équipement que vous pouvez ainsi transporter. De cette façon, lorsque vous décidez de vous arrêter pour ériger un campement, vous disposez de tout ce dont vous avez besoin pour concocter un repas délicieux.

N'Y LAISSEZ QUE VOS EMPREINTES DE PIEDS

Les parcs nationaux et les régions sauvages sont des atouts universels qui doivent être protégés au profit des générations futures. Tous ceux qui raffolent des activités extérieures doivent par conséquent adopter une attitude environnementaliste et profiter au maximum de la nature en y minimisant leur impact. Au cours des dernières années, des millions d'acres de forêt et de territoires naturels ont été dévastés par les incendies. Des maisons ont été détruites et des vies ont été perdues à cause des feux de friche. La plupart des autorités émettent des règlements et des avertissements concernant les risques d'incendie. Vous ne devez jamais allumer un feu lorsque les niveaux d'alarme sont élevés.

Rappelez-vous aussi d'informer les gens de votre entourage. Si vous vous apprêtez à vous lancer dans la brousse ou dans les montagnes ou que vous planifiez partir pour quelques jours, prévoyez l'équipement et l'approvisionnement nécessaire et apprenez d'abord à utiliser une carte et une boussole. Assurez-vous aussi de savoir prodiguer les premiers soins, de savoir comment allumer le réchaud et d'avoir préalablement vérifié les conditions météorologiques. Assurez-vous surtout d'avoir informé quelqu'un de vos projets et de votre date de retour.

- Ramassez toujours tout ce qui traîne. Ne laissez aucune trace de votre séjour, et si vous apercevez les déchets d'autrui, n'oubliez surtout pas de les ramasser.

- Lorsque permis, allumez des feux de façon responsable et assurez-vous de pouvoir les contrôler.

- Ne violez pas la propriété d'autrui, n'arrachez pas les plantes et ne ramassez pas de roches ou d'artéfacts historiques.

- Assurez-vous de laisser les barrières et les portières telles qu'elles ont été laissées, c'est-à-dire ouvertes ou fermées.

- Ne polluez pas les cours d'eau. Enterrez vos déchets humains dans la terre et assurez-vous qu'ils se trouvent à au moins 30 mètres (100 pieds) des cours d'eau.

- Respectez tous les avertissements et règlements affichés par les autorités.

- Respectez la paix, la solitude et la tranquillité des lieux en vous efforçant de ne pas trop faire de bruit.

EN CAS D'URGENCE

A Arrêtez tout et ramassez vos effets personnels.
R Réfléchissez bien avant d'agir.
E Examinez vos approvisionnements, votre environnement et vos possibilités..
D Déterminez vos priorités et suivez le plan établi.

UN MOT SUR LES PRÉVISIONS MÉTÉOROLOGIQUES

Ne vous lancez jamais à l'aventure dans la nature sans avoir vérifié la météo au préalable et, lorsque vous vous trouvez sur place, soyez toujours à l'affût de la température. En surveillant constamment votre environnement, vous serez normalement en mesure d'enfiler des vêtements chauds ou imperméables en cas de besoin, et vous saurez où vous réfugier en cas de tempête. Apprendre comment puiser de l'eau et allumer un feu dans n'importe quelle condition vous permettra non seulement de profiter davantage de votre aventure, mais aussi de braver les intempéries. Transportez toujours une trousse d'urgence dans un sachet ou une boîte imperméable.

Si la température se met à chuter soudainement, cela vous indique peut-être l'approche d'un front froid, et l'arrivée possible de la pluie. Apprenez donc à vous familiariser avec la formation des nuages.

- **Les cirrus** se déplacent très haut dans le ciel et forment des traînées fines. Ils indiquent habituellement du beau temps, mais s'ils se forment lorsqu'il fait froid et qu'ils sont accompagnés de vent de plus en plus fort, il se peut fort bien qu'un blizzard approche

- **Les cumulus** se déplacent plus bas. Ils sont blancs et bouffants et indiquent habituellement du beau temps. Si toutefois ils commencent à s'empiler les uns sur les autres, il se peut qu'ils indiquent l'arrivée d'une tempête.

- **Les stratus** sont des nuages bas et gris qui sont souvent indicateurs de pluie, tandis que les petits nuages blancs fins et fuyants qui sont soufflés par le vent sont habituellement présages de mauvais temps.

Il vous est aussi possible de déterminer les prévisions météorologiques en observant les indicateurs naturels. Si vous observez par exemple une forte rosée au réveil, le temps restera sûrement sec au courant de la journée. Le bétail sent l'approche de la pluie et a tendance à se regrouper en troupeau et à se détourner de l'endroit d'où provient la pluie. Les araignées sentent aussi l'approche de la pluie et ne tisseront pas leur toile si elles craignent de se faire tremper. Si elles sentent l'approche du vent, elles tisseront plus de fils pour bien ancrer leur toile et, si le beau temps approche, vous serez en mesure de voir des toiles d'araignées tout autour de vous. Plusieurs fleurs ferment leurs pétales bien avant les premières gouttes de pluie et certains arbres retournent leurs feuilles. La surface intérieure des feuilles est beaucoup plus claire, voire presque argentée, et indique assurément l'approche de la pluie.

Si vous vous trouvez dans un endroit isolé, il est encore plus important d'être à l'affût de la température. Dans les collines, les tempêtes éclatent rapidement et les conditions peuvent se détériorer en un rien de temps. Surveillez la présence de cerfs, car, à l'approche d'une forte tempête, ils ont tendance à sortir de leur abri et à se diriger en sol moins élevé. Par conséquent, si vous observez des changements météorologiques, il se peut fort bien que cela ait un impact sur votre sécurité. Il est alors conseillé de suivre l'exemple des cerfs et de vous diriger vers une vallée pour être en sécurité.

NUTRITION

Si un homme normal d'âge adulte restait au lit toute la journée, il aurait besoin d'environ 1000 calories pour permettre à son corps de fonctionner normalement, à son cœur de battre régulièrement et à sa température corporelle de demeurer élevée sans perdre de poids. Si une femme d'âge adulte se balade dans le froid, elle a besoin d'augmenter son apport en calories pour avoir l'énergie nécessaire et pour que son corps reste chaud. Si elle fait de la randonnée pédestre en montagne et qu'elle transporte beaucoup de poids, elle doit consommer 3000 à 4000 calories par jour, et parfois plus. Un homme a besoin de consommer un nombre plus élevé de calories.

L'organisme environnemental Sierra Club a calculé que vous avez besoin de deux fois et demie plus de calories pour parcourir 300 mètres (1000 pieds) en élévation que si vous marchez au niveau de la mer pendant une heure à 3 km/h. Par exemple, selon son poids, un adulte a besoin de 350 à 500 calories par heure pour couvrir une distance de 3 km sur une surface cahoteuse, mais relativement plane. Pour couvrir la même distance en autant de temps, mais en escaladant 915 mètres (3000 pieds), le même adulte a besoin de 850 à 1250 calories.

Les statistiques suivantes déterminent le nombre de calories brûlées en faisant de l'exercice pour des adultes pesant 60, 70 et 85 kilos (132, 154 et 187 livres) :

Activity (1 hour)	60 kg	70 kg	85 kg
Backpacking	413	493	604
Cycling (16 kph/10 mph)	236	281	345
Cycling (off road)	502	598	733
Hiking cross country	354	422	518
Horseback riding	236	281	345
Walking (uphill)	354	422	518

Il est important de savoir quels aliments apporter lorsque vous partez faire de la randonnée. Pour déterminer l'apport en calories nécessaire, calculez les besoins énergétiques dont vous aurez besoin selon les activités physiques prévues lors de votre excursion. Si le nombre de calories que vous ingérez est proportionnel au nombre de calories que vous brûlez, vous obtiendrez suffisamment d'énergie dans les aliments que vous transportez lors de votre excursion. Il se peut même que vous preniez un peu de poids puisque l'exercice et l'activité physique convertissent vos tissus adipeux en muscles, et que les muscles pèsent plus que le gras.

Si votre apport en calories est trop bas, vous brûlerez des tissus adipeux et vous perdrez du poids. Il s'agit toutefois d'une façon inefficace de se procurer de l'énergie puisque le corps nécessite environ 10 pour cent plus d'oxygène pour produire de l'énergie en puisant dans les tissus adipeux qu'en puisant dans les glucides, ce qui veut dire que vous disposerez de moins d'oxygène pour faire fonctionner les muscles et que vous vous fatiguerez plus rapidement.

Même si vous ne marchez que quelques heures dans le froid, vous aurez besoin de plus d'énergie pour garder votre corps au chaud. Lorsqu'il fait chaud à l'extérieur, vos besoins énergétiques sont moins élevés, mais vos besoins en liquides augmentent. La production de sueur peut mener à la déshydratation et à l'hypothermie lorsqu'il fait froid, et à la déshydratation et à un coup de chaleur lorsque les températures extérieures sont élevées. On a évalué qu'un marcheur transportant un sac de 16 kg (35 lb) sur un terrain ardu lorsqu'il fait très chaud pouvait perdre jusqu'à 800 ml (1,75 chope) par heure par transpiration, et ce en plus de l'évaporation quotidienne normale chez l'humain qui s'élève à environ 1,3 litre (2,75 chopes) via la respiration, la transpiration et l'urine.

Il est donc essentiel de boire beaucoup de liquides. L'eau est le nutriment le plus important de tous parce qu'il permet de redonner de la fluidité au corps, mais il ne remplace toutefois pas les minéraux essentiels et les électrolytes perdus lors d'une transpiration continue. Vous pouvez refaire le plein de ceux-ci en buvant des boissons énergétiques diluées et des liquides offerts sous forme de soupes, de ragoûts et de thé.

Lorsque vous êtes en pleine randonnée, vous pouvez augmenter votre apport en glucides et en matières grasses puisqu'ils se convertissent facilement en glycogène, soit le carburant nécessaire pour faire fonctionner les muscles et garder un niveau d'énergie élevé. Vous pouvez aussi prendre une collation pour faire le plein d'énergie sans devoir consommer les glucides emmagasinés comme glycogène dans vos muscles et dans votre foie.

Si vous optez pour un régime cétogène, vous consommerez plus de calories à partir d'une quantité moindre d'aliments, ce qui aura aussi comme effet de diminuer le poids de votre sac à dos : 1 c. à thé de beurre (matière grasse) contient 45 calories, soit plus de deux fois la quantité contenue dans 1 c. à thé de sucre (glucide). Les protéines sont riches en calories, mais l'énergie est perdue lorsque le corps les convertit en glycogène. Les matières grasses sont souvent bonnes au goût et elles procurent du plaisir lorsqu'on les ingère. Elles tendent aussi à ralentir la digestion et permettent une plus grande absorption de carburant corporel, ce qui donne une impression de rassasiement. Les matières grasses prennent plus de temps à être digérées et à être converties en carburant, mais elles procurent un niveau constant d'énergie. Elles ne sont toutefois métabolisées que si le corps possède suffisamment de glucides pour engendrer la réaction.

Si vous avez besoin d'une dose rapide d'énergie, consommez des glucides simples. Il est possible que vous sentiez une poussée d'énergie lorsque les sucres pénètrent dans votre organisme. L'inconvénient est qu'après la poussée initiale, votre niveau d'énergie risque de chuter brusquement. Pour vous assurer de maintenir un niveau constant d'énergie lorsque vous entreprenez votre excursion, il est donc conseillé de consommer des matières grasses combinées à des glucides lents et des protéines.

PLANIFICATION DE L'ALIMENTATION

Une bonne planification vous permettra non seulement de consommer suffisamment de nourriture, mais aussi de consommer les bons aliments. Vous devrez déterminer le nombre de personnes voyageant avec vous, la durée de votre excursion, le territoire que vous songez parcourir et les températures prévues. Une fois que vous avez déterminé ceci, vous êtes en mesure de planifier les menus et de les rectifier ou de les ajuster en fonction des changements de température ou des conditions environnantes.

Vous devez aussi tenir compte du climat. S'il fait chaud, les produits frais périront plus rapidement et vous devrez boire beaucoup d'eau. S'il fait très froid ou si vous vous trouvez en altitude, vous mettrez plus de temps à préparer un repas. Si vous entreprenez une excursion dans un climat glacial, il est donc conseillé de transporter plus de nourriture et de planifier un régime élevé en matières grasses et en glucides. Transportez de la nourriture à faible teneur en eau (en optant par exemple pour des craquelins au lieu du pain), car ils auront moins tendance à geler. Lorsque vous érigez un campement sous la pluie, appliquez-vous d'abord à garder votre équipement aussi sec que possible avant de passer aux chaudrons. Vous constaterez ensuite qu'un bon repas concocté dans des conditions difficiles remonte non seulement le moral des troupes, mais vous permet aussi de penser à autre chose qu'à la température. Si le climat est vraiment insupportable, les collations et les petits plats réconfortants vous combleront de bonheur.

CHOIX DE NOURRITURE

Les aliments frais sont toujours meilleurs au goût, mais vous ne pouvez en transporter une grande quantité si vous prévoyez partir durant plusieurs jours. Lors d'un voyage de canoë-kayak dans le Parc provincial algonquin, au nord de l'Ontario, nous sommes parvenus à manger de la viande fraîche pendant une semaine. Bien que nous fussions en juin, l'eau était si froide que nous avons attaché nos approvisionnements de viande sous le canoë dans des sacs imperméables. Plus les jours passaient, plus nous faisions cuire la viande longtemps pour nous assurer qu'elle soit bonne, et nous avons bel et bien tenu le coup sans être malade !

Plusieurs pains, biscuits et biscottes peuvent être conservés pendant plusieurs jours. Le fromage à pâte dure se préserve très longtemps, tout comme le riz et les pâtes. Le beurre d'arachide se conserve bien, et il est préférable de le remballer pour restreindre le volume et le poids au minimum. Transportez des quantités mesurées de mélanges en poudre dans des sacs en plastique pour cuisiner du pain et des crêpes en un rien de temps. De plus, il vaut mieux opter pour le beurre clarifié que la margarine et pour la caroube que le chocolat puisque ces deux aliments ont tendance à fondre lorsqu'il fait chaud.

Les aliments déshydratés sont légers et faciles à préparer. Les repas déshydratés manufacturés sont équilibrés, facilement disponibles et généralement délicieux. Il ne vous suffit que d'ajouter de l'eau, de faire bouillir quelques instants, de laisser mijoter le tout pendant quelques minutes et de déguster votre repas. Nous songeons toujours à mettre des plats déshydratés dans nos bagages, car, en plus d'offrir des repas rapides lorsque vous êtes

épuisé ou lorsque que la nature vous joue des tours, ils procurent d'excellentes rations d'urgence. La plupart des plats déshydratés peuvent être conservés très longtemps dans le garde-manger, alors, même si vous ne les utilisez pas au cours de votre voyage, vous pouvez les conserver pour la prochaine aventure.

Bien que ces plats soient très utiles en cas d'urgence, ce n'est pas l'objectif de ce livre. Les aliments déshydratés que vous préparez vous-même peuvent toutefois être inclus dans votre menu. Le séchage des aliments est un ancien mode de préservation des aliments qui permet d'éliminer la moisissure sur laquelle les bactéries, les champignons et la levure ont pu s'installer. Vous pouvez faire sécher des fruits, des légumes, des champignons et des viandes pour réduire le volume des aliments que vous avez à transporter et pour augmenter leur durée de vie. Les viandes froides tranchées minces tels la dinde, le poulet, le bœuf et le jambon se déshydratent très facilement et font d'excellentes collations qui n'ont pas besoin d'être reconstituées. Elles sont aussi idéales pour compléter des soupes, des ragoûts et autres plats. Il est préférable de faire congeler les aliments maison déshydratés si vous ne prévoyez pas les consommer dans l'immédiat, mais ils peuvent aussi être conservés dans des sacs hermétiques dans un endroit frais plusieurs jours avant votre départ.

Déshydrater les aliments vous-même n'est pas très sorcier si vous utilisez un four conventionnel ou un déshydrateur commercial. Ce dernier possède habituellement plusieurs plateaux munis de chaleur automatique et de volets. À moins que vous ne prévoyiez faire beaucoup de déshydratation, il est conseillé de sauver des sous et d'utiliser votre four conventionnel.

- **Coupez les gros aliments** comme les pommes, les pêches, les abricots, les poires, les poivrons, les courgettes et les oignons en tranches épaisses. Les petits fruits et les petits légumes peuvent être séchés entiers.

- **Prenez une grande plaque de cuisson** pour chaque grille de votre four. Une plaque peut contenir jusqu'à 1 kg (2 livres) d'aliments préparés et étalés également. Assurez-vous qu'il y ait assez d'espace pour que l'air circule librement autour de la nourriture.

- **Préchauffez le four à 65 °C (150 °F)**. Déposez les plaques d'aliments dans le four. Cette cuisson initiale éliminera l'humidité des aliments. Lorsque la surface des aliments vous semble sèche, réduisez la chaleur du four à 60 °C (140 °F). Il s'agit ici d'une étape cruciale pour éviter que les aliments s'assèchent trop rapidement et qu'ils prennent un goût de cuir. Cette étape finale de déshydratation peut prendre entre cinq et huit heures. Assurez-vous de laisser la porte du four légèrement ouverte pour laisser l'humidité s'échapper. Si le four ne dispose pas d'une hotte intégrée, vous pouvez installer un ventilateur électrique devant la porte ouverte du four pour assurer une bonne circulation d'air.

- **Toutes les 30 minutes**, assurez-vous de faire alterner les plaques et de retourner occasionnellement les aliments pour qu'ils sèchent également et qu'ils ne restent pas collés au fond de la plaque..

- **Pour déshydrater un repas complet** comme un ragoût ou autre, étalez également le repas sur une plaque, puis faites-le sécher au four de la même façon.

- **Lorsque les aliments sont séchés et qu'ils ont refroidi**, vous pouvez les ranger dans des sacs en plastique à glissière et les conserver indéfiniment dans un endroit frais et sombre.

✿ **Ce symbole apparaissant dans certaines listes et recettes indique qu'un ingrédient peut être déshydraté.**

Lorsque vous utilisez des aliments déshydratés dans une recette, vous n'avez qu'à ajouter de l'eau et leur donner le temps de se reconstituer. Une bonne méthode empirique consiste à ajouter 400 ml d'eau pour 1 tasse d'ingrédients déshydratés. N'ajoutez pas trop d'eau pour éviter que les aliments deviennent pâteux. Si vous devez ajouter plus d'eau, faites-le judicieusement au cours du processus de trempage. Faites tremper toute la nuit. Vous pouvez aussi mélanger les aliments avec de l'eau dans un sac en plastique bien scellé après le diner pour donner le temps aux aliments de se reconstituer au cours de votre randonnée de l'après-midi et pour qu'ils soient fin prêts à l'heure du souper. La plupart des aliments ont besoin de deux à trois heures pour se reconstituer. Si vous êtes pressé, vous pouvez simplement verser de l'eau bouillante sur les fruits et les légumes secs et les laisser reposer quelques instants avant de les égoutter. Les légumes séchés qui sont ajoutés aux soupes et aux ragoûts n'ont pas besoin de trempage et peuvent être ajoutés directement au plat, qui doit être porté à ébullition et que vous devez laisser mijoter.

Les herbes et les épices prennent si peu de place que vous devriez toujours en transporter avec vous pour ajouter de la saveur à vos plats. Plusieurs herbes possèdent des bienfaits particuliers. Par exemple, le basilic aide à combattre les nausées et les vomissements, tandis que le gingembre aide à calmer les brûlements d'estomac.

Les aliments réconfortants font partie intégrale de votre garde-manger de campeur. Rares sont les aliments qui réconfortent autant que du chocolat lorsque vous êtes trempé et épuisé. Gardez-en toujours une provision pour vous gâter lorsque vous vous sentez las ou pour vous récompenser lorsque vous avez atteint un objectif.

Les boissons énergisantes sont généralement constituées de 6 à 10 pour cent de glucides – ce qui constitue une arme importante pour vous donner de l'énergie et pour soutenir votre système immunitaire. Il est toutefois préférable de consommer les boissons énergétiques avant ou après avoir fait de l'exercice et de boire de l'eau pendant que vous pratiquez une activité physique. Les boissons énergisantes nécessitent effectivement plus de travail de digestion, tandis que l'eau est absorbée plus rapidement.

La sécurité sanitaire des aliments est extrêmement importante, et ce, particulièrement lorsqu'il fait chaud. Il est important de respecter une bonne hygiène alimentaire même dans les profondeurs de la nature. Lavez vos mains et nettoyez toujours vos pots et vos ustensiles de cuisine en utilisant du savon biodégradable. Les lingettes jetables sont utiles pour un nettoyage rapide. Enveloppez vos aliments dans une double épaisseur et évitez les contacts entraînant des contaminations croisées. Conservez la nourriture dans des contenants hermétiques et n'ouvrez pas les paquets tant que vous n'êtes pas prêt à les consommer

Petits conseils du campeur :

- Vous pouvez facilement préparer vos propres boissons énergisantes. Vous n'avez qu'à mélanger 1 tasse de jus de fruits naturel avec une tasse d'eau. Ajoutez une pincée de sel et mélangez le tout avant de consommer.

- Les fromages à pâte dure se conservent longtemps lors d'une randonnée pédestre; particulièrement ceux qui sont ornés d'un enrobage paraffiné. Vous pouvez prolonger la durée de vie d'un fromage cheddar ou d'un autre type de fromage à pâte dure en les enrobant de paraffine. C'est simple : vous n'avez qu'à faire fondre la paraffine dans une poêle et à en appliquer une couche sur la croûte extérieure du fromage à l'aide d'un pinceau à pâtisserie. Assurez-vous qu'il n'y ait aucune bulle dans l'enrobage. Laissez sécher, puis répétez jusqu'à ce que vous obteniez une couverture solide et lisse.

- Aucune recette n'est intouchable. Il vous est donc toujours possible d'ajouter de la viande ou des légumes séchés et réhydratés. Ajoutez des ingrédients originaux comme des tomates séchées au soleil ou des shiitakes séchés.

- Les raisins secs peuvent être rajoutés dans une grande variété de recettes pour une saveur sucrée et pour procurer davantage de calories

Le garde-manger naturel varie selon l'époque de l'année et les règlements concernant la récolte de plantes et d'animaux. Il peut donc vous être possible d'ajouter des baies, des fruits et des noix à votre régime. Si vous êtes près de l'eau ou de la côte, vous y trouverez peut-être des poissons et des crustacés. L'un des plaisirs de la nature est de pouvoir identifier les plantes comestibles et celles qu'il vaut mieux éviter de manger. Beaucoup de plantes possèdent des propriétés médicinales ou thérapeutiques qui peuvent s'avérer utiles en cas d'urgence. L'écorce de saule peut être mâchée pour calmer l'inflammation et la douleur; le jus d'aloès peut être utilisé pour apaiser les brûlures et les morsures. Ouvrez-la d'un coup en utilisant une feuille épineuse et frictionnez les régions atteintes avec le jus. La citronnelle aura quant à elle pour effet d'éloigner les moustiques. Puisque vous ne pourrez retrouver toutes les plantes dans chaque habitat et chaque région, il devient d'autant plus important d'apprendre à identifier celles qui croiseront votre chemin.

CHAPITRE DEUX

LA CUISINE DU CAMPEUR

Lorsque vous choisissez l'endroit où établir votre campement pour la nuit ou votre campement de base, prenez le temps de bien y réfléchir pour être le plus confortable possible et pouvoir profiter d'une bonne nuit de sommeil.

Premièrement, assurez-vous que vous n'empiétez pas sur la propriété d'autrui. Inspectez ensuite les environs à la recherche de pistes ou de matières fécales d'animaux. Plusieurs régions du monde présentent des avertissements de risques de danger liés à la présence d'animaux sauvages, alors soyez à l'affût des créatures qui rôdent parfois autour du campement au cours de la nuit à la recherche de nourriture. Installez votre aire de cuisine loin de l'emplacement des tentes. Évitez le plus possible de vous installer sous les arbres morts ou les très grands arbres, qui sont les plus susceptibles de se faire frapper par la foudre, et ne campez jamais dans un canyon asséché, au pied d'une vallée ou à côté d'un ruisseau, car, non seulement il y fait plus froid, mais vous risquez aussi de vous faire tremper s'il se met à pleuvoir très fort. Évitez aussi de camper au haut d'une butte, car vous risquez d'être trop exposé au soleil.

Le meilleur endroit pour planter votre tente est près du sommet d'une colline, sur le versant abrité - sous le vent. Choisissez un endroit avec un couvert naturel pour ne pas que votre campement devienne trop boueux en cas de pluie. Idéalement, l'emplacement doit être presque plat, avec une légère inclinaison servant de système d'écoulement, et à l'abri du vent. Si vous devez camper dans une pente, dormez avec la tête vers le haut.

Enlevez tous les bâtons, pierres et autres objets qui recouvrent l'emplacement et qui risqueraient d'endommager votre tente ou de vous incommoder lorsque vous essayez de dormir. Avec un peu de chance, vous trouverez l'emplacement idéal qui sera exposé au soleil le matin pour sécher votre tente et vous réchauffer au lever, juste avant d'entreprendre votre journée de randonnée. N'oubliez surtout pas de prendre un bon petit déjeuner avant de partir !

ÉRIGER LE CAMPEMENT

À moins que la météo ne vous en empêche, il est conseillé d'installer votre aire de cuisine à une bonne distance des tentes. Choisissez un emplacement plat près des arbres pour vous procurer de l'ombre, mais soyez conscient qu'en cas de fortes pluies, des gouttes et des débris provenant des branches d'arbre risquent alors de gêner votre travail.

OMBRE ET PROTECTION

L'ombre protège l'aire de cuisine et les tentes contre les éléments naturels et permet aussi de protéger les aliments du soleil et le feu du vent. Si vous n'arrivez pas à trouver une ombre naturelle, vous pouvez créer la vôtre en formant un écran avec des branches, une bâche ou une toile de sol. S'il y a beaucoup de neige, empilez-la pour faire un bouclier vous protégeant du vent. S'il fait très chaud ou s'il pleut beaucoup, vous pouvez ériger un toit au-dessus de l'aire de cuisine pour vous protéger. Un toit bricolé avec les moyens du bord doit être installé assez haut pour vous permettre de vous tenir debout, de vous déplacer sous le toit et de permettre à la fumée de s'échapper.

ÉCLAIRAGE

Il est essentiel de disposer d'une bonne lampe de poche ou d'une lampe frontale. Chaque membre de l'excursion devrait en posséder une, en plus d'un ensemble de piles de rechange déposées dans un contenant étanche. Une lampe frontale est inestimable. Elle s'avère extrêmement pratique pour cuisiner, pour se promener aux alentours du campement le soir et pour lire dans la tente. Certaines lampes frontales disposent de plusieurs fonctions, vous permettant de concentrer le rayon lumineux sur un endroit précis ou, en cas d'urgence, d'actionner une lumière stroboscopique pulsatoire pour indiquer votre position.

Les lanternes de camping actionnées par paraffine ou pétrole liquéfié procurent un bon éclairage sur le campement. Elles sont toutefois volumineuses et vous devez transporter du combustible pour les remplir. Il est sécuritaire d'utiliser des lanternes à piles à l'intérieur de la tente, mais, si vous utilisez des lanternes à bougie pour lire dans la tente, assurez-vous de les manipuler prudemment et de les éteindre avant de dormir, une bougie pouvant faire fondre le tissu d'une tente en un rien de temps

RANGEMENT

Assurez-vous de nettoyer le campement en entier et de vous débarrasser de tous les déchets alimentaires qui pourraient traîner aux alentours de l'aire de cuisine pour éviter d'attirer les animaux et les insectes. Il est conseillé de ne jamais ranger la nourriture dans les tentes ou près de celles-ci. Rangez toute la nourriture (et autres articles comme la pâte dentifrice et les déodorants) dans des bacs à rangement. Lorsque vous n'utilisez pas la nourriture, songez à la suspendre aux branches d'un arbre de façon à ce qu'elle soit aussi loin du sol et du tronc que possible. S'il n'y a pas d'arbres, suspendez vos bacs à rangement sur un débord ou empilez tout votre équipement autour de la nourriture, puis déposez des roches, des casseroles et des poêles sur le dessus. Si un animal s'infiltre dans l'empilement, l'effondrement des casseroles aura comme effet de le faire fuir. La nourriture peut être scellée dans des sacs en plastique à l'intérieur des sacs à dos pour éviter que l'odeur attire les animaux ou les petites bêtes. Conservez les aliments séchés dans des contenants imperméables pour éviter qu'ils ne se mouillent accidentellement et prématurément, puis posez-les sur des roches et couvrez-les d'une bâche pour plus de protection.

Rangez les aliments périssables dans une glacière, si vous en transportez une, et, si vous vous trouvez près d'un cours d'eau courante bien fraîche, vous pouvez utiliser celui-ci comme glacière naturelle pendant un jour ou deux. Placez la nourriture dans un sac étanche à l'eau. Attachez fermement l'une des extrémités d'une corde après le sac et submergez-le. Attachez l'autre extrémité de la corde autour d'un tronc d'arbre ou d'un grand rocher. Si l'eau n'est pas très profonde, vous pouvez planter des bâtons dans la rivière ou dans le lac tout autour du sac. Ainsi, même si la corde se défait, le sac ne pourra être emporté par le courant. S'il fait très chaud, assurez-vous que vos aliments sont encore bons.

Prenez aussi bien soin de ramasser tous vos déchets. Rangez-les dans de gros sacs en plastique scellés fermement qui retiendront toutes les odeurs et qui peuvent être compressés pour être charriés.

MÉTHODES DE CUISSON

Rien n'est meilleur qu'un bon petit plat préparé sur le feu de camp. La nourriture semble avoir meilleur goût, vous pouvez utiliser la braise (pas les flammes) pour faire cuire les pommes de terre et les légumes-racines et vous pouvez vous asseoir en rond autour du feu et profiter de la compagnie des gens qui vous entourent. Il est toutefois interdit d'allumer des feux de camp dans plusieurs régions sauvages du monde, et plusieurs autres territoires affichent des avertissements de risques d'incendie sur les voies d'accès ou dans les bureaux des parcs.

Dans les endroits où il est permis d'allumer des feux, deux options s'offrent à vous pour réussir votre mission : vous pouvez ériger un feu en forme de tipi, où les casseroles sont suspendues au-dessus du feu, ou alors allumer un feu en forme de « T ». Le feu est ici allumé dans la partie supérieure de la croix du T alors que la braise utilisée pour cuisiner s'étend vers le bas. Les braises les plus chaudes sont réparties d'un côté cuisinière tandis que les moins chaudes sont rassemblées d'un autre côté, ce qui permet d'établir une aire pour la cuisson rapide et une autre pour faire mijoter la nourriture ou la garder au chaud dans la poêle.

Les feux sur pierres chauffantes sont préférablement allumés dans les fossés. On utilise du bois comme combustible, et deux ou trois grosses pierres sont installées au centre du feu pour qu'elles deviennent chaudes. Il est essentiel que les pierres ne soient pas poreuses, sinon elles risquent de se briser en morceaux en se réchauffant et d'envoyer des éclats dans tous les sens. Lorsque le feu est bien allumé, vous pouvez le faire tomber pour qu'il encercle les pierres et que les chaudrons puissent être déposés sur les pierres chauffantes pour la cuisson des aliments. Vous pouvez déposer une ou deux grosses pierres sur le périmètre du feu, à un endroit où elles chaufferont peu, que vous pourrez utiliser pour garder les aliments déjà cuits au chaud. Les pierres peuvent aussi servir de base pour un gril afin d'assurer plus de stabilité aux chaudrons, assurer la base d'un faitout ou être utilisées comme plaque chauffante.

LES RÉCHAUDS DES RANDONNEURS

Lorsque vous utilisez un réchaud, vous devez d'abord trouver un endroit plat pour le poser, puis vous devez l'installer en fonction du vent pour vous assurer qu'il reste allumé et que les flammes puissent faire chauffer vos chaudrons. Gardez le combustible hors de la portée du réchaud lorsqu'il est allumé.

S'il pleut ou s'il neige beaucoup lorsque vous montez votre tente, plantez-la de façon à protéger l'entrée de la tente des intempéries. Empilez des morceaux de bois ou de pierre pour former un demi-cercle servant de brise-vent. Utilisez votre sac à dos comme protection additionnelle contre le vent et la pluie. Vous pouvez ainsi vous asseoir à l'intérieur et cuisiner depuis l'entrée de votre tente en vous assurant qu'il y ait suffisamment de ventilation. Gardez un contenant d'eau sous la main au cas où les flammes s'élèvent trop haut ou que le chaudron se renverse et vous brûle. Lorsque vous aurez terminé de déguster votre repas, non seulement vous vous sentirez beaucoup mieux, mais il se peut aussi que la température se soit améliorée.

Il est plus pratique de cuisiner avec un réchaud que sur un feu de camp. Les réchauds de camping peuvent être installés dans la plupart des endroits et être allumés très rapidement. De plus, leur température est contrôlable et ils ont un impact minimal sur l'environnement. Le plus grand inconvénient est que vous devez transporter le combustible dont vous avez besoin pour les faire fonctionner.

Les petits réchauds sont plus sécuritaires si vous les posez sur une surface plane et égale comme une grosse pierre plate.

Ne cuisinez jamais avec un réchaud à l'intérieur de la tente. Cela peut s'avérer très dangereux en cas d'explosion ou d'accumulation de monoxyde de carbone. Si les conditions météorologiques sont extrêmement mauvaises, vous pouvez songer à cuisiner dans l'entrée de la tente, mais assurez-vous d'abord qu'il y ait suffisamment de ventilation.

Il existe plusieurs types de réchauds de camping sur le marché. Vous pouvez opter pour les modèles légers, les réchauds compacts à un seul feu, les réchauds à deux feux ou les modèles de camping conçus pour toute la famille, qui doivent être transportés dans un véhicule.

Il existe également différents types de combustibles. Les réchauds à pétrole ou à paraffine utilisent du combustible liquide qui s'évapore lorsqu'il se rend jusqu'au brûleur. C'est lorsqu'il se combine à l'oxygène retrouvé dans l'air qu'il s'enflamme. Le combustible est contenu dans un flacon qui se branche au four par des tuyaux flexibles. On peut se procurer le combustible un peu partout, mais il en émane une odeur très forte et peut contaminer la nourriture en cas de fuite. Ces réchauds ont tendance à offrir un meilleur rendement que les autres dans les températures très froides ou en altitude.

Les réchauds à gaz de pétrole liquéfié (GPL) fonctionnent avec du propane, du butane ou un mélange des deux, et sont de loin les plus populaires dans le monde entier. Ils sont légers, pratiques et efficaces. Vous pouvez vous procurer des bidons sous pression de différentes capacités selon la durée de votre séjour et le nombre de bouches à nourrir. Les bidons bien remplis ne sont pas lourds à porter, mais doivent tout de même être transportés en tout temps. Vous devez visser un bidon dans un réchaud à un feu et utiliser la valve pour ouvrir et fermer l'essence. Certains modèles possèdent aussi des interrupteurs automatiques. La flamme et la température du réchaud peuvent être contrôlées en manipulant la valve. S'il y a beaucoup de vent, les flammes sont littéralement soufflées et vous perdez ainsi une grande partie de la chaleur. Il est beaucoup plus long de faire chauffer quoi que ce soit lorsque vous êtes en altitude en raison de la différence de pression. C'est pour cette raison que les fours à GPL sont moins efficaces que les fours à combustible liquide (pétrole ou paraffine) lorsqu'il fait très froid.

Le réchaud Trangia[MD] Le réchaud TrangiaMD est très particulier puisqu'il est spécialement conçu pour cuisiner lorsque le vent souffle très fort ou en cas de froid extrême. Ce réchaud suédois est léger, fiable et très compact. Le petit format est parfait pour les randonneurs voyageant seuls ou en couple, tandis que le grand format convient aux groupes de trois ou quatre personnes. Le réchaud contient un ensemble de deux poêles en aluminium, un écran contre le vent, des couvercles, un brûleur et une courroie permettant de tout attacher ensemble. Les réchauds Trangia consument de l'alcool méthylique qui est peu dispendieux, accessible et qui peut être transporté dans les bouteilles en plastique légères à combustible Trangia qui sont conçues à cet effet. Ce réchaud peut également fonctionner avec de l'essence en bouteille et un accessoire pour brûleur à gaz. Son plus grand avantage est qu'il ne possède ni pièce mobile, ni tuyau, ni valve qui risqueraient de se briser. Vous n'avez qu'à verser le combustible dans le brûleur et à l'allumer.

Le réchaud au naphte (combustible Naphta/Coleman) est très populaire en Amérique du Nord, mais le combustible n'est pas toujours facile à trouver. C'est pour cette raison que plusieurs réchauds au naphte peuvent être convertis pour brûler d'autres combustibles. Les réchauds multicombustibles sont plus chers que les réchauds à un seul combustible, mais, si vous prévoyez faire plusieurs destinations, l'apport de flexibilité en vaudra le coût !

FAITOUTS

Les faitouts fonctionnent parfaitement sur un feu de camp, sur un gril, ou même sur le four que vous utilisez à la maison. Il s'agit en fait d'une marmite en acier inoxydable ou en aluminium qui est offerte en plusieurs tailles. Vous pouvez en effet trouver un petit faitout de 10 cm ou un modèle immense de 60 cm. Les faitouts de 25 à 30 cm sont les plus pratiques pour cuisiner. Bien qu'on les considère comme des marmites, ils sont beaucoup plus pratiques que les autres casseroles. Vous pouvez aussi les couvrir de braise et les utiliser comme réchauds en chauffant la base et la partie supérieure.

Les techniques du faitout

Cuire:	La chaleur doit aussi provenir de la partie supérieure, alors recouvrez le couvercle de braise.
Bouillir :	Toute la chaleur doit provenir d'en dessous.
Frire :	la chaleur doit uniquement provenir d'en dessous et vous devez cuisiner directement au fond du réchaud.
Plaque chauffante:	Placez le couvercle à l'envers et utilisez-le comme plaque chauffante ou comme poêle pour cuisiner des crêpes.
Rôtir :	Pour obtenir de meilleurs résultats, assurez-vous d'avoir autant de chaleur provenant du haut que du bas.
Cuire à la casserole:	La majorité de la chaleur doit provenir du bas du réchaud. Ne déposez que quelques braises sur le couvercle.

Les réchauds en fonte sont très lourds et ne conviennent qu'aux aires de cuisine fixes ou si vous vous déplacez à bord d'un véhicule. Les réchauds en aluminium sont plus légers et peuvent être transportés dans un sac à dos. Bien qu'ils prennent beaucoup de place, vous pouvez emballer des choses à l'intérieur pour exploiter entièrement l'espace. Les faitouts en aluminium chauffent plus rapidement et renvoient de la chaleur qui peut entraîner des fluctuations de température au moment de la cuisson. Choisissez un réchaud avec tré-pied, car la base ne doit jamais reposer directement sur les braises chaudes. Les pattes lui permettent d'enjamber les braises pour éviter que le réchaud entre en contact direct avec elles. Choisissez-en un avec un couvercle au contour strié vous permettant d'y déposer des braises sans qu'elles glissent par terre.

Il est conseillé de préparer votre nouveau faitout en préchauffant le four conventionnel et en le laissant reposer à l'intérieur à trois reprises. La première étape permet à l'eau qui réside dans le faitout de s'évaporer. Avant de le faire chauffer une deuxième et une troi-sième fois, recouvrez entièrement l'intérieur et l'extérieur du faitout d'une fine couche d'huile végétale pour former une pellicule protectrice lors de la cuisson au four.

Petits conseils du campeur :

- Choisissez un faitout doté de poignées très résistantes à la base et sur le couvercle et d'un trépied. Ce dernier vous permet de faire tenir le faitout dans la braise sans toutefois les mettre en contact direct. Cela permet aussi à l'air de circuler sous le faitout et d'attiser les flammes.
- Les faitouts deviennent très chauds ! Il est essentiel de vous munir d'une paire de mitaines ou de gants épais. Une poignée pour casserole peut aussi s'avérer très utile pour enlever le couvercle. Lorsque le faitout est plein, faites glisser un gros bâton au travers des poignées pour que deux personnes puissent soulever le réchaud et le retirer du feu.

LES OUTILS INDISPENSABLES

Tentez de vous informer au préalable pour savoir quel genre de température vous êtes susceptible de rencontrer en cours de route. Lorsque vous entreprenez une longue randonnée, informez-vous au préalable pour savoir si vous pourrez vous approvisionner en eau au cours de votre voyage ou si vous devrez transporter l'eau tout au long de votre séjour. Si vous prévoyez ériger un campement de base et partir chaque jour en randonnée, vérifiez l'équipement qui vous est offert. Par exemple, s'il y a des tables de pique-nique et une aire à barbecue, vous n'aurez pas à transporter tout votre matériel de cuisine. Quelles méthodes de cuisson comptez-vous utiliser ? Combien avez-vous de bouches à nourrir ? De quels ustensiles de cuisine aurez-vous besoin ? Chacun de ces éléments devra être pris en considération pour vous assurer d'être bien équipé.

BATTERIE DE CUISINE

L'emboîtage des batteries de cuisine est comparable aux poupées russes : il est constitué d'une grosse casserole contenant trois ou quatre petites casseroles. Les couvercles des casseroles sont multifonctionnels et peuvent être utilisés comme bols, comme poêles à frire ou même comme assiettes. Plutôt que d'avoir des casseroles et des couvercles munis de poignées, une ou deux poignées pour casserole sont offertes pour soulever les couvercles ou retirer les plats chauds du feu, ce qui permet de compacter la batterie de cuisine au maximum lorsque vous l'emballez. Ces ensembles sont généralement faits en aluminium. Plusieurs tailles et sortes de casseroles sont proposées pour convenir à tous les groupes de campeurs.

Les campeurs voyageant seuls ont besoin d'un ensemble comprenant :	Un groupe de deux campeurs aura besoin d'un ensemble comprenant :	Un groupe de quatre campeurs et plus aura besoin d'un ensemble comprenant :
1 casserole de 1,1 litre	1 casserole de 1,6 litre	1 casserole de 1,6 litre
1 casserole de 1,6 litre	1 casserole de 2,7 litres	1 casserole de 2,2 litres
2 couvercles se convertissant en 2 poêles à frire, 2 bols ou 2 assiettes	2 couvercles se convertissant en 2 poêles à frire, 2 bols ou 2 assiettes	1 casserole de 2,7 litres
1 poignée pour casserole	1 poignée pour casserole	1 poêle à frire de 19 cm
		2 couvercles se convertissant en 2 poêles à frire, 2 bols ou 2 assiettes
		2 poignées pour casserole

USTENSILES DE CUISINE

Vous aurez besoin d'assiettes, de tasses, de bols, de couteaux, de fourchettes, de cuillères et d'ustensiles de cuisine de base comme un couteau tranchant pour couper du pain, du poisson, des légumes ou même du bois. Vous aurez aussi besoin d'une spatule, de grosses cuillères pour servir et mélanger vos repas, de poignées pour les couvercles ou de manicles (s'ils ne sont pas offerts avec la batterie de cuisine). Sélectionnez la meilleure batterie de cuisine que vous pouvez vous offrir; vous aurez d'autant plus de plaisir à l'utiliser, et ce, particulièrement en camping. Assurez-vous que tous vos ustensiles soient légers et durables, et surtout que vous êtes à l'aise de les utiliser.

Petits conseils du campeur :

- Vous pouvez peindre vos poignées pour casserole de couleur vive ou les relier avec du ruban réfléchissant pour pouvoir les repérer facilement
- Les boîtiers pour pellicules photographiques se convertissent très bien en petits contenants pour transporter les épices et les petites quantités de beurre et de confiture.

AUTRES ARTICLES IMPORTANTS

Le papier d'aluminium est extrêmement utile sur un site de camping. Utilisez-le pour envelopper les aliments qui peuvent cuire directement sur les braises brûlantes. Faites un cadre avec des brindilles de bois et des branches et couvrez-le de papier aluminium pour fabriquer un gril. Vous pouvez aussi utiliser le papier d'aluminium comme écran thermique ou pour recouvrir la base d'un faitout afin de le nettoyer plus facilement. Utilisez-le aussi pour envelopper et conserver les restes de nourriture. En cas d'urgence, vous pouvez même vous envelopper dans du papier d'aluminium pour demeurer au chaud ou pour appeler à l'aide.

Les sacs en plastique sont essentiels, alors assurez-vous toujours d'en avoir plusieurs tailles sous la main. Les sacs de congélation très résistants et les sacs de plastique à glissière sont les meilleurs. Ils ne pèsent presque rien et sont extrêmement utiles. Utilisez-les pour mélanger des ingrédients, pour mariner des plats, pour puiser de l'eau, pour emballer de la nourriture, pour ramasser des déchets, etc. Vous pouvez même casser des ?ufs dans un sac en plastique, puis ajouter du sel et du poivre avant de le suspendre dans la cafetière pour chauffer le café et les ?ufs en même temps.

Emballez séparément les ingrédients pour les petits-déjeuners, les dîners et les soupers dans des sacs en plastique bien étiquetés et assemblez un gros sac pour chaque journée d'excursion. Chaque sac contient ainsi toute la nourriture dont vous aurez besoin pour chacune des journées, et vous n'aurez pas à utiliser inutilement des rations supplémentaires.

Transporteurs d'eau Choisissez des transporteurs d'eau pliables en plastique à bouchon vissé, des seaux rétractables en tissu et en plastique ainsi que des bouteilles d'eau de différentes formes et de différentes grandeurs. Vous aurez besoin d'un transporteur d'eau, mais les casseroles ou les casquettes peuvent être utilisées pour collecter de petites quantités d'eau. L'eau naturelle recueillie doit être stérilisée. Même l'eau recueillie en haute altitude risque parfois d'être contaminée alors ne prenez aucune chance. Utilisez des comprimés d'épuration ou faites bouillir l'eau pendant au moins une minute. Il n'est pas nécessaire de la faire bouillir plus longtemps puisque cela vous obligerait à consommer inutilement du combustible. Si vous utilisez l'eau pour cuisiner, le processus normal de cuisson devrait être suffisant pour tuer toutes les bactéries. Transportez une bouteille d'eau et remplissez-la dès que vous en avez la chance. Vous pouvez ajouter des comprimés d'épuration si nécessaire.

Allumettes Achetez plusieurs boîtes d'allumettes imperméables et à l'épreuve du vent et assurez-vous que tous les membres du groupe en transportent une ou deux boîtes. Enveloppez les boîtes dans des sacs en plastique pour les rendre plus imperméables. Les briquets conçus pour s'allumer dans les climats venteux sont tout aussi utiles.

Trousse d'urgence Votre trousse d'urgence doit être transportée dans une boîte en fer blanc et devrait inclure les items suivants : des allumettes imperméables et/ou une pierre et un fer à feu pour allumer les feux; quelques sachets de thé et de café; du chocolat; des lames de rasoir; une petite lampe de poche; une chandelle; des comprimés d'épuration d'eau; des épingles de sûreté; une aiguille et du fil (pour réparer, pour pêcher ou pour de la suture); une pince à épiler; de l'antiseptique; des hameçons; un sifflet et une deuxième boussole. Vérifiez le contenu de votre trousse avant chaque randonnée – avec un peu de chance, vous n'aurez que le chocolat à remplacer.

NETTOYAGE ET ÉLIMINATION DES DÉCHETS

S'il y a un cours d'eau dans les environs, lavez la vaisselle en recueillant de l'eau dans un contenant et en utilisant du savon biodégradable, ou, encore mieux, en frottant avec de l'herbe et du sable. Ne laissez jamais la vaisselle sale traîner puisque cela risque d'attirer les animaux. Jetez l'eau de vaisselle sale loin des lacs et des cours d'eau.

Nettoyez toujours votre site pour ne laisser aucune trace de votre passage. Ramassez tous vos déchets et mettez-les dans vos bagages pour les transporter avec vous. Nettoyez les déversements, défaites les murs érigés contre le feu et dispersez les tisons du feu et le bois imbrûlé de façon la plus espacée possible. Efforcez-vous de laisser votre site dans les conditions où vous l'avez trouvé. Emballez tout votre équipement et vos effets personnels, puis faites le tour du site de camping pour vous assurer que tous les tisons sont bien éteints et que vous n'avez rien oublié. Faites une dernière inspection des lieux pour vous assurer que rien ne traîne.

LAISSEZ-VOUS GUIDER PAR VOTRE ENVIRONNEMENT NATUREL

Il se peut que vous ayez envie de varier dans votre menu ou que vous manquiez de nourriture parce que vous avez englouti vos provisions plus vite que prévu. Quoi qu'il en soit, il n'y a aucune raison d'être terrassé par la faim lorsque vous faites de la randonnée, du moins dans certains territoires. Si vous vous trouvez en bordure d'un lac ou d'un océan, vous serez peut-être en mesure de vous procurer du poisson et des crustacés. En effet, il n'y a rien de meilleur qu'un poisson frais cuit sur un feu de camp.

DU POISSON POUR SOUPER

Lorsque vous partez en randonnée, n'oubliez pas de mettre quelques hameçons et quelques lignes de pêche dans votre trousse d'urgence (p.35). Utilisez une branche comme canne à pêche, attachez la ligne et le crochet et attendez que le poisson morde à l'hameçon. Comme vous aurez besoin d'un appât pour votre hameçon, n'ayez pas peur de creuser la terre à la recherche d'un ver, d'inspecter le feuillage pour trouver des larves et de scruter l'écorce des arbres pour vous procurer des asticots ou des larves. Si vous avez de la difficulté à trouver des branches d'arbre, vous n'avez qu'à attacher une ligne au bord de la rivière ou en bordure du lac et à lancer l'extrémité où est attaché l'appât dans l'eau. Installez plusieurs lignes et inspectez-les fréquemment pour vous assurer qu'une prise ne pend pas au bout de l'hameçon. Pour cuisiner un poisson, déposez-le sur le côté, tranchez-lui le ventre des branchies à la queue et retirez tous les organes internes. Nettoyez soigneusement la paroi interne et coupez les nageoires. Percez ensuite le rayon épineux jusqu'à ce que vous atteigniez la colonne vertébrale et faites passer la lame sous les deux côtés de la colonne. Séparez ensuite le filet des arêtes.

Faites cuire votre prise en l'embrochant sur un bâton et en la faisant rôtir au-dessus du feu. Assurez-vous toutefois que votre poisson est assez gros pour être embroché avant d'utiliser cette méthode. Sinon, il risque de tomber dans le feu. Vous pouvez également envelopper le poisson dans du papier d'aluminium et enterrer le paquet dans la braise ou le faire pocher dans l'eau en utilisant une casserole ou une poêle. Cette dernière méthode vous permet d'utiliser le liquide comme sauce. Il suffit d'ajouter tous les ingrédients naturels qui vous tombent sous la main, comme des noix, des feuilles, de l'ail sauvage ou tout autre ingrédient vous permettant de concocter un mets nutritif et original !

FOURRAGER POUR SURVIVRE

Même la randonnée la plus simple peut se transformer en cauchemar. Que faire si vous êtes séparé du reste du groupe, et que ce sont eux qui transportent toute la nourriture ? Avec un peu de chance, le groupe de tête rebroussera chemin et vous finirez par vous rejoindre, mais, si vous ne savez pas quel chemin prendre, vous devrez vous rabattre sur des méthodes de survie pour rentrer sain et sauf au bercail. La méthode utilisée pour

trouver de la nourriture dépendra du type de territoire sur lequel vous vous trouverez et de l'époque de l'année. L'eau est l'élément crucial. Un adulte peut survivre pendant trois à quatre semaines sans nourriture, mais ne pourra pas tenir plus que quelques jours sans eau.

Si vous devez fourrager pour de la nourriture, ne soyez pas trop difficile, car il se peut que vous ne puissiez choisir quoi vous mettre sous la dent ! Plusieurs larves et insectes se mangent crus ou cuits et sont remplis de protéines. Les jeunes pousses, les baies, les fruits et les racines de plusieurs plantes sont non seulement comestibles, mais bien souvent délicieux. Plusieurs champignons s'avèrent non seulement dégoûtants, mais aussi extrêmement mortels. Ne mangez les champignons que si vous êtes certain qu'ils ne sont pas dangereux. Consultez toujours des guides des régions que vous visitez pour identifier les animaux et les plantes que vous êtes susceptibles de rencontrer. Il est évident que les méthodes de survie utilisées en Amérique du Nord sont bien différentes de celles requises dans l'arrière-pays australien ou dans les montagnes écossaises. Informez-vous bien avant de partir.

TROUVER DES SOURCES D'EAU NATURELLE

La façon la plus simple de trouver une source d'eau naturelle est de consulter une carte et d'identifier les cours d'eau, les lacs ou tout élément géologique où vous pourrez recueillir de l'eau. Si vous vous trouvez sur un terrain onduleux ou montagneux, suivez les vallées pour trouver une source, un étang ou un cours d'eau. Si la végétation qui vous entoure devient luxuriante, vous vous trouvez sûrement près d'un cours d'eau. Au printemps, plusieurs arbres contiennent de l'eau à teneur élevée en sucre. S'il y a de la neige et que vous avez un réchaud, il suffit de déposer une petite quantité de neige dans la casserole et de la faire fondre poignée par poignée. Il s'agit de la façon la plus efficace de produire de l'eau avec de la neige. Cassez la glace sur les cours d'eau et les lacs pour trouver de l'eau courante. N'oubliez pas de bien faire bouillir la glace fondue pour la purifier.

EAU PURIFIÉE

Même lorsque l'eau semble assez propre pour être bue, il se peut que des bactéries s'y soient logées. Il est donc important de prendre les précautions nécessaires. Pour nettoyer l'eau naturelle que vous collectez, portez-la à ébullition et faites-la bouillir pendant une minute. Sinon, vous pouvez ajouter des comprimés d'épuration en suivant les instructions indiquées sur l'emballage.

Vous pouvez aussi utiliser un filtre à eau. Le filtre à eau Katadyn Hiker ne pèse que 312 grammes et peut produire jusqu'à 755 litres d'eau potable avant de devoir être remplacé. Vous n'avez qu'à déposer l'extrémité du tube en plastique dans l'eau et à la faire passer par le filtre pour qu'elle se rende jusqu'au contenant. Si vous recueillez de grandes quantités d'eau, laissez-la reposer entre 30 minutes et 1 heure pour permettre à la boue et au sable de se loger au fond du bidon, puis filtrez l'eau dans un autre contenant. Ne troublez pas la boue.

Les pailles des filtres sont un peu plus grandes que les pailles conventionnelles et peuvent être utilisées pour aspirer de petites quantités d'eau. Lorsque le filtre est plein, l'eau ne peut plus être produite. Cela veut donc dire que vous pouvez même vous en servir pour vous procurer de l'eau potable à partir des sources les plus infectes qui soient.

VITEZ LA NOURRITURE

+ Que vous ne reconnaissez pas ou que vous n'arrivez pas à identifier dans vos guides
+ Qui sent mauvais ou qui se gâte.
+ Qui possède un modèle trifolié.
+ Qui est trop mûre ou qui contient de la sève laiteuse.
+ Qui contient des graines dans une cosse.
+ Qui sent les amandes – elle contient peut-être des composés de cyanure.
+ Qui pousse dans ou près de cours d'eau pollués.

CHAPITRE TROIS

À VOS MARQUES...
PRÊTS, BAGAGES !

Un voyageur qui rentre de vacances n'a porté en moyenne que les deux tiers des vêtements qu'il avait apportés avec lui. Le reste est considéré comme de l'excédent de bagages. Lorsque vous préparez vos valises pour partir en randonnée pendant plusieurs jours, n'apportez que ce dont vous avez vraiment besoin puisque a) vous aurez à le transporter tout au long de la journée; et b) l'espace est limité. Les randonneurs expérimentés savent exactement de quoi ils auront besoin en cours de route et ils seront en mesure d'assembler l'équipement le plus efficace et le plus léger possible.

Nous connaissons des gens qui vont même jusqu'à percer des trous dans le manche de leur brosse à dents pour réduire le poids de leurs bagages. Ils prennent des livres brochés et utilisent quotidiennement les pages qu'ils ont lues pour allumer le feu. Vous n'avez pas besoin de vous rendre à ces extrêmes pour préparer un sac léger qui contient tout ce dont vous aurez besoin pour profiter d'un séjour confortable et agréable. Vous n'avez qu'à prendre le temps de bien réfléchir à l'usage réel que vous ferez de chaque élément que vous comptez mettre dans votre sac.

VOYAGEZ LÉGER

Grâce aux merveilles de la technologie moderne qui s'appliquent aussi à l'équipement léger de camping, un sac à dos contenant tout ce dont vous avez besoin pour un voyage de quatre jours pèse aujourd'hui environ la moitié de ce qu'il pesait il y a vingt ans. Un sac contenant une tente, un sac de couchage et un matelas, un réchaud, du combustible, de l'eau, de la nourriture, des vêtements, des tenues imperméables et d'autres éléments indispensables ne pèse pas plus de 13,5 kg (30 livres). Si vous optez pour le matériel le plus léger disponible sur le marché, vous pourrez réduire le poids de quelques kilos supplémentaires.

Lorsque vous combinez un sac de couchage trois saisons avec un sac bivouac toutes saisons, vous obtenez un équipement de 1,3 kg (2,87 livres) qui vous permettra de survivre dans des conditions extrêmes – et vous n'aurez même pas besoin d'une tente.

Si vous avez besoin d'une tente, vous pouvez vous en procurer une trois saisons pour deux personnes pesant aussi peu que 1,8 kg (3,97 livres). Ajoutez à cela un réchaud léger, du combustible, un ensemble de casseroles, un contenant en plastique pliable, une lampe de poche, une trousse de premiers soins et une trousse d'urgence, et vous obtiendrez tout ce dont vous aurez besoin pour un voyage de camping réussi pour un peu moins de 4,5 kg (9,92 livres). Tous ces éléments devront être emballés dans votre sac à dos avec des tenues imperméables, des vêtements, de la nourriture et tout autre objet que vous désirez apporter.

Les fourre-tout sont offerts en différentes tailles, et il peut s'avérer pratique d'en avoir plusieurs de différentes couleurs pour y ranger vos vêtements mouillés, vos habits, votre sac de couchage et plus encore. Les fourre-tout sont pratiques, car, lorsque le sac est rempli et que vous retirez l'air, il devient très compact et vous pouvez l'attacher pour l'empêcher de gonfler. Même un sac de couchage volumineux peut être compressé jusqu'au quart de sa taille. Cela ne réduira pas son poids, mais vous pourrez tout de même transporter plus de matériel de façon ordonnée, ce qui vous facilitera la vie si vous partez en randonnée pendant plusieurs jours.

COMBIEN DE NOURRITURE DOIS-JE TRANSPORTER ?

Si vous partez en randonnée pour une seule journée ou pour une fin de semaine, vous pouvez suivre le même genre de régime qu'à la maison. L'énergie supplémentaire utilisée permettra de brûler le surplus (à moins que vous soyez en excellente forme). Si toutefois vous prévoyez de partir pendant plusieurs jours ou même semaines, vous devrez ajuster votre diète en conséquence, car vous devrez suivre un régime à bon rendement énergétique et plus riche en calories.

Il y a plusieurs façons de calculer la quantité de nourriture dont vous aurez besoin. Vous pouvez calculer le nombre de calories nécessaires par personne, le poids de la nourriture par personne, etc. La meilleure façon est toutefois de bien planifier les repas.

Pour ce faire, vous devez élaborer un menu nutritif procurant trois repas nourrissants par jour; vous devez également songer à des collations et à des petites douceurs qui vous permettront de consommer la bonne quantité de nutriments et le bon nombre de calories. Rédigez ensuite le menu prévu pour le voyage quelques jours avant le départ. En voici un exemple :

Exemple de planification des repas

Jour 1   Bagel avec œufs et bacon • soupe suédoise aux pommes • chili végétarien • sundae à l'ananas •mélange montagnard/barres énergétiques

Jour 2   Crêpes aux bananes • pizza sur pita • goulache • surprise à la noix de coco • mélange montagnard/barres énergétiques

Jour 3   Délice aux fruits • soupe du jour • couscous au citron • fondue au chocolat • mélange montagnard/barres énergétiques

Jour 4   Casserole petit-déjeuner • Ragoût sans casserole • pâtes Alfredo • merveille aux petits fruits • mélange montagnard/barres énergétiques

---

La planification des repas vous permet d'identifier les aliments périssables et de déterminer ce que vous devrez cuisiner à l'avance pour chaque repas ainsi que les aliments de base dont vous aurez besoin.

Faites une liste de tous les ingrédients nécessaires. Les quantités seront évidemment déterminées selon le nombre de personnes faisant partie du voyage. Cochez les ingrédients qui reposent déjà sur vos tablettes, mais n'oubliez pas de les inclure dans vos bagages.

ÉTIQUETEZ LA NOURRITURE

Lorsque vous êtes prêt à emballer la nourriture, posez tous les aliments sur la table. Emballez tous les ingrédients nécessaires pour chaque repas dans des « sacs à repas » en plastique. Par exemple, un sac pour le petit-déjeuner ne contiendra peut-être que deux ou trois sacs à ingrédients. Un sac pour le souper peut quant à lui contenir jusqu'à cinq sacs d'ingrédients. Emballez-les ensuite dans des « sacs journée » qui contiendront toutes les rations alimentaires nécessaires pour tous les repas d'une même journée. Les « sacs journée » peuvent être distribués à tous les membres de la randonnée. Par exemple, si quatre personnes partent en randonnée pendant quatre jours, chacun pourra transporter un « sac journée ». Emballez aussi des sacs de condiments incluant des herbes, des sauces, des assaisonnements et plus encore. Les mélanges montagnards et les barres énergétiques peuvent être emballés séparément de façon à ce que chaque membre de la randonnée transporte la quantité dont il aura besoin pour la durée du voyage.

Assurez-vous d'identifier les sacs de couleurs différentes. Par exemple, utilisez des étiquettes vertes pour le petit-déjeuner, des étiquettes rouges pour le dîner et des étiquettes bleues pour le souper. Inscrivez le contenu de chaque sac sur l'étiquette et glissez la planification du menu de chaque journée dans les « sacs journée » respectifs. Si vous cuisinez une nouvelle recette, n'oubliez pas d'apporter les instructions !

LES PROVISIONS DU RANDONNEUR

Voici des exemples d'aliments qui se conservent bien lors d'une randonnée et qui constituent la base de plusieurs recettes de camping :

Liste aide-mémoire pour quatre personnes partant en randonnée pendant quatre jours

Aliments de base		Aliments instantanés sans cuisson
Sachets de café et de thé (ou café moulu)	Parmesan (râpé)	Fromage (à pâte dure)
Boissons au cacao/chocolat chaud	Cubes de bouillon/extraits	Croustilles
Sucre/édulcorant	Beurre d'arachide	Barres de céréales et barres énergétiques
Assaisonnements, épices et herbes	Guimauves	Tranches de fruits (déshydratés)
Nouilles, pâtes, riz	Sauces (en sachets, déshydratées et préférablement faites maison)	Viandes séchées comme du salami et du pepperoni
Lait et ?ufs en poudre	Fruits, légumes et viande déshydratés	Noix
Margarine (ou beurre clarifié) et huile végétale	Haricots, lentilles et légumes secs	Mélanges montagnards
Purée de pommes de terre minute	Soupes, ragoûts et casseroles déshydratés et faits maison	
Gruau à l'avoine/mélanges de céréales faits maison (en ajoutant des noix, des fruits séchés et du lait en poudre)	Préparations pour gâteaux	
	Farine	

Pains et craquelins		Petits luxes
Pain pita (se conserve bien et se compacte facilement)	Ingrédients pour faire du pain frais de temps en temps; ceux-ci sont moins lourds à transporter que le produit fini .	Brisures de chocolat (crêpes aux brisures de chocolat pour le petit-déjeuner)
Bagels (peuvent être grillés lorsqu'ils commencent à être durs)		Barres de chocolat
Craquelins secs et pains croquants (pour manger avec du fromage ou de la soupe)		Conserves de pâté/caviar
		Tout ce dont vous avez envie, du moment que vous êtes prêt à le transporter !

Articles essentiels dans le sac à dos

Tente et matériel pour dormir

Réchaud et combustible (séparez-les de la nourriture)

Nourriture

Ustensiles

Trousse de premiers soins incluant une pince à épiler

Boussole

Trousse d'urgence

Lampe de poche

Pièces d'identité

Couteau multilame (lame tranchante, ciseaux, tire-bouchon, mini scie, ouvre-boîte)

Carte géographique

Allumettes

Vêtements

Sandales ou tennis (que vous pouvez enfiler quand vous enlevez vos bottes)

Chaussettes et doublures de chaussettes

Casquette

Trousse de couture (pour les réparations de base et la suture d'urgence)

Équipement imperméable

Bouteille d'eau

Articles supplémentaires pour les randonnées de plus longue durée

Allumoir ou pierre à feu et fer à feu

Lampe frontale ou lanterne

Piles supplémentaires pour la lampe de poche

Trousse de toilette, serviettes et autres effets personnels

Papier de toilette

Couverture d'urgence ou bâche légère

Corde en nylon de 10 m (30 pieds)

Petit rouleau de ruban adhésif en toile

Petite truelle ou pelle-pioche ultra légère (pour creuser une latrine)

Comprimés d'épuration d'eau/filtre

Papier d'aluminium

PLUS DE NOURRITURE !

Besoins saisonniers

Gants

Insecticide

Baume pour les lèvres

Lunettes de soleil

Écran solaire

Sac intérieur (une couverture imperméable dont vous pourrez recouvrir votre sac pour le protéger de la pluie)

Petite hache/scie pliante (pour couper le bois pour le feu)

Radio météo (légère et réglée de façon à connaître les prévisions pour la région)

Articles facultatifs selon vos préférences

Jumelles (compactes)

Appareil photo (piles de rechange/cartes de mémoire et/ou films photographiques)

Cartes à jouer

Guides de randonnée

Ligne de pêche et crochets

Lingettes humides

Carnet de voyage et crayon

Livres brochés/magazines (excellent outil pour allumer des feux)

PETITS CONFORTS DE CAMPING - SI TRANSPORTÉS À BORD D'UN VÉHICULE

Lorsque vous ne transportez pas tout le matériel sur vos épaules et que vous décidez d'ériger un campement de base, vous pouvez compter sur les articles supplémentaires qui suivent pour vous permettre d'atteindre un niveau supérieur en ce qui a trait à la gastronomie et au confort.

Articles de cuisine

Cafetière	Lavettes	Serviettes en papier
Glacière	Plaque chauffante	Emballage plastique
Tire-bouchon	Gril et charbon	Poêle à frire
Planche à découper	Tasse à mesurer	Spatules et cuillères
Bol pour laver la vaisselle	Bols à mélanger	Cruches d'eau

Articles pour dormir

Matelas pneumatiques (et pompe)	Chaises et table de camping	Oreillers
Hache	Auvent	Latrines chimiques portatives
Balai (petit)	Extincteur	Douche (les douches solaires sont amusantes si vous avez de l'eau !)
Lits de camp	Maillet	

Petits conseils du campeur :

- Si vous partez pour une randonnée de quatre jours, transportez un sac supplémentaire contenant deux plats principaux constitués principalement d'aliments déshydratés. De cette façon, vous aurez une provision de nourriture si vous êtes retardé pour une raison ou pour une autre. Si vous ne l'utilisez pas, vous pourrez préparer ces repas dans le confort de votre cuisine !

- Chaque fois que vous refermez un sac, extrayez-en le plus d'air possible pour qu'il prenne moins de place.

- Ne transportez pas d'aliments qui risquent de se gâter trop vite à moins que vous ne prévoyiez les manger au cours des deux premières journées. Évitez le fromage à pâte molle, la mayonnaise, le beurre, les ?ufs frais et le lait frais.

- Remballez toujours le contenu des conserves dans des sacs en plastique.

- Lorsque vous consommez les rations d'une journée, les sacs vides et les déchets peuvent être transférés dans un sac à ordures que vous ramènerez à la maison.

EXEMPLES DE MENUS ET D'INGRÉDIENTS À TRANSPORTER

Randonnée d'une journée

• **Pain du sentier** (p. 116) • Pain croûté et sélection de pâtés et de fromages à pâte dure et à pâte molle (cheddar et brie). Fruits préparés et tranchés. Mangez-les séparément ou mélangez-les dans un pot à yogourt.
• **Pizza sur pita** (p. 81) • **Muesli du randonneur** (p. 52) Divisez le mélange en deux
• une moitié pour le matin et l'autre pour après le dîner. • Collations (p.53-58)

Liste aide-mémoire pour une personne partant en randonnée une journée

Eau	2 petits pains ronds	Mélange montagnard
4 sachets de thé ou de café	110 g de fromage cheddar	Barre énergétique/ barre de chocolat
Soupe pour dîner	Tranches de salami	
	Pomme	

Randonnée de fin de semaine (2 jours)

Jour 1 Pain croûté avec : • **Tartinade de haricots noirs** (p.84) servie sur du **pain croquant** ou du **pain frais** (p.116) • **Chili végétarien** (p.132) cuisiné à l'avance et servi avec du riz • **Bananes nappées de chocolat** (p.133)

Jour 2 • **Bagel aux œufs et au bacon** (p.71) • **Soupe suédoise aux pommes** (p.79) • **Mélanges montagnards et barres énergétiques** (p.52-58).

Liste aide-mémoire pour deux personnes partant en randonnée pendant deux jours

Aliments de base	Petit-déjeuner	Soupers
Eau	4 tranches précuites de bacon	Chili végétarien (p.132)
8 sachets de thé ou de café	4 œufs ou l'équivalent en poudre	200 g de riz
Margarine (en tube)	2 bagels	2 bananes
Lait en poudre	**Dîners**	4 guimauves
Sucre/édulcorant	Tartinade aux haricots noirs (p.84)	4 c. à soupe de brisures de chocolat
Sel et poivre	Soupe suédoise aux pommes (p.79)	**Mélange montagnard/collations**
Biscuits (autant que vous le désirez)	Pain croûté	Muesli du randonneur (p.52)
		4 barres énergétiques (p.52-58)

Randonnée de quatre jours

Jour 1 • Ragoût sans casserole (p.88) • Chili aux lentilles (p.94) • Fruits grillés (p.131)

Jour 2 • Délice aux fruits (p.66) • Sauté aux pommes et à la dinde (p.89) • Couscous au citron et au poulet (p.101) • Marmite de chocolat à la menthe (p.137)

Jour 3 • Pain doré (p.72) • Tartinade de bacon et de cheddar (p.85) servie sur des craquelins • Pain aux bananes (p.122) • Goulache (p.130) • Sundae à l'ananas (p.127)

Jour 4 • Crêpes aux bananes (p.67) • Soupe du jour (p.80)

Aliments de base

Eau

64 sachets de thé ou de café

Bidon de lait en poudre

Sucre/édulcorant

Sel et poivre

Beurre ou margarine

Huile végétale

Herbes sèches

Biscuits

Petit-déjeuner

Délice aux fruits (p.66)

8 tranches épaisses de pain

6 œufs ou l'équivalent en poudre

Extrait de vanille

230 g de farine

1 c. à thé de levure chimique

1 banane

Dîners

2 pommes de terre de taille moyenne ✪

3 oignons ✪

6 carottes ✪

1 poivron vert ✪

4 gousses d'ail

Sauce soja

Sauce Worcestershire

Farine de maïs

150 ml de jus de pomme

450 g de poitrine de dinde ✪

350 g de pois mange-tout ✪

800 g rice

800 g de riz

4 cubes de bouillon

150 g de légumes séchés

5 tranches de bacon

100 g de fromage cheddar râpé

Sauce pour salade

Craquelins

Soupers et desserts

2 gousses d'ail

2 oignons ✪

230 g de lentilles sèches

230 g de farine de boulgour

3 pommes de terre ✪

8 cubes de bouillon

1 conserve de tomates hachées

Assaisonnement au chili

Cumin moulu

450 g de poulet en cubes ✪

1 citron

75 g de couscous

Herbes séchées

1 lb/450 g de bœuf haché ✪

1 poivron vert ✪

2 bâtonnets de céleri ✪

1 c. à soupe de paprika

100 ml de crème sure

175 g de nouilles

1 kg de fruits assortis ✪

15 marshmallows

425 ml chocolate chips

15 guimauves

425 ml de brisures de chocolat

300 ml de lait

1 œuf

75 g de cacao

50 g de farine

1 ananas

2 oranges

1 banane

225 g de fraises

2 c. à soupe de gingembre cristallisé

500 ml de yogourt nature

Collations

25 barres énergétiques

16 sacs de 225 g de muesli du randonneur (p.52)

MÉLANGES MONTAGNARDS, COLLATIONS ÉNERGÉTIQUES ET BOISSONS

Les collations sont essentielles lors des longues randonnées puisqu'elles permettent au corps de maintenir un niveau d'énergie élevé, et ce, particulièrement si vous vous baladez sur un terrain ardu et si vous transportez un sac assez lourd. Les mélanges montagnards contiennent des noix, des raisins secs et des fruits séchés qui fournissent une dose rapide d'énergie. Les barres énergétiques sont aussi importantes puisqu'elles procurent des glucides et redonnent le moral aux troupes !

Les boissons sont tout aussi essentielles pour permettre au corps de rester bien hydraté et pour le ravitailler en nutriments. S'il fait froid, elles procurent de la chaleur, et il n'y a rien de tel que de s'asseoir avec une boisson fumante autour d'un feu de camp pour admirer les étoiles après avoir dégusté un bon repas.

Muesli du randonneur

Savourez ce muesli au petit-déjeuner ou dégustez-le en cours de randonnée. Comme il s'agit d'un mélange de fruits et de noix, vous pouvez ajouter tous les ingrédients qui vous plaisent pour le rendre encore plus appétissant. Préparez-en suffisamment pour les collations et pour les petits-déjeuners de deux randonneurs pendant deux jours.

Donne **8** portions

Temps de préparation : **10** minutes   Temps de cuisson : **25** minutes

8 c. à soupe/120 g	**de margarine**
¹/₂ tasse/80 g	**de cassonade**
1 c. à soupe	**de cannelle**
4 tasses/360 g	**de flocons d'avoine**
2 tasses/100 g	**de blé concassé**
1 tasse/100 g	**de germes de blé**
¹/₂ tasse/60 g	**de graines de sésame**
1 tasse/150 g	**de raisins secs mélangés et de tranches de banane**

À la maison :

Préchauffer le four à 230 °C/450 °F. Faire fondre la margarine et la cassonade dans une casserole à feu moyen et amener à ébullition en brassant continuellement. Retirer du feu et ajouter la cannelle. Ajouter le reste des ingrédients à l'exception des raisins secs et des bananes, puis mélanger jusqu'à ce que tous les ingrédients soient bien incorporés. Verser le mélange sur une plaque à pâtisserie de 35 x 25 cm avant de l'étendre également sur toute la surface. Faire cuire au four pendant 25 minutes.
Retirer le mélange du four et laisser refroidir sur la plaque. Ajouter les raisins secs et les bananes et ranger le muesli tel que requis.

Barre énergétique sur le pouce

Voici une autre collation savoureuse qui donnera un regain d'énergie aux randonneurs épuisés qui ont encore quelques kilomètres à parcourir avant de s'arrêter pour la nuit. Ce mélange se congèle très facilement.

Donne **18** barres

Temps de préparation : **10** minutes   Temps de cuisson : **20** minutes

4 c. à soupe	**de margarine**
1 tasse/90 g	**de biscuits sablés nature concassés (digestive biscuits)**
1 tasse/75 g	**de noix de coco râpée**
2 tasses/450 g	**de brisures de chocolat**
1 conserve	**de 450 g de lait concentré sucré**
1 tasse/150 g	**de noix hachées**
³/₄ de tasse/65 g	**de flocons d'avoine**

À la maison :

Préchauffer le four à 180 °C/350 °F. Déposer la margarine sur une plaque à pâtisserie de 35 x 25 cm et faire fondre au four pendant 1 minute. Retirer la plaque du four.
Étaler une couche de biscuits sablés concassés sur la plaque.
Couvrir les biscuits avec la noix de coco râpée, puis recouvrir le tout de brisures de chocolat avant de verser le lait concentré sucré sur le mélange.
Faire cuire pendant environ 20 minutes jusqu'à ce que le tout soit doré.
Retirer la plaque du feu et ajouter les noix et les flocons d'avoine en les insérant soigneusement dans le mélange avant qu'il ne refroidisse. Laisser refroidir le tout sur la plaque, puis couper le mélange pour former des barres individuelles.
Envelopper les barres individuellement dans du papier d'aluminium. À consommer dans la semaine qui suit, ou faire congeler au besoin.

Barres muesli de grand-maman

Les guimauves sont l'élément clé de cette recette. Non seulement elles peuvent réconforter les randonneurs en cas de besoin, mais elles sont légères, se conservent bien et sont faciles à consommer en cours de randonnée. Vous pouvez utiliser les guimauves tel qu'indiqué dans la recette qui suit ou simplement les faire rôtir au-dessus d'un feu de camp.

Donne **12** barres   Temps de préparation : **10** minutes

3 c. à soupe	**de margarine**
1 paquet de 280 g	**de guimauves**
2 tasses/300 g	**de noix et de raisins secs mélangés**
2 tasses/50 g	**de céréales de flocons de maïs ou de céréales de riz**
2 tasses/240 g	**de muesli**

À la maison :

Faire fondre la margarine dans une grande casserole et ajouter lentement les guimauves. Faire chauffer doucement jusqu'à ce que le mélange soit complètement fondu. Incorporer les noix et les raisins, les céréales et le muesli et bien mélanger tous les ingrédients. Verser le mélange sur une plaque à pâtisserie de 25 x 35 cm et l'étendre également sur toute la surface. Laisser reposer pendant 15 minutes et couper le mélange pour former des barres. Envelopper chaque barre individuellement. Les barres muesli de grand-maman doivent préférablement être consommées au cours des 4 prochains jours.

Barres aux carottes et aux dattes

Voici un savoureux mélange de saveurs, de goûts et de textures. Lorsque vous cuisinez avec du miel, appliquez d'abord une fine couche d'huile sur la cuillère pour éviter que le miel ne s'y colle – le miel glissera ainsi plus facilement sur la cuillère. Vous pouvez aussi tremper votre cuillère ou votre tasse dans la farine avant d'y verser le miel.

Donne **16** barres

Temps de préparation : **15** minutes   Temps de cuisson : **30** minutes

1 tasse/110 g	**de farine de blé entier**
1 c. à thé	**de levure chimique**
1/2 c. à thé	**de sel**
2	**œufs**
1/2 tasse	**de miel**
1 tasse/225 g	**de dattes hachées**
1 tasse/150 g	**de carottes finement râpées**
1/2 tasse/75 g	**de noix hachées**

À la maison :

Préchauffer le four à 180 °C/350 °F. Graisser une plaque à pâtisserie de 25 x 35 cm. Dans un grand bol, mélanger la farine, la levure et le sel. Dans un autre bol, fouetter ensemble les œufs et le miel, puis ajouter lentement le mélange de farine en brassant continuellement.

Ajouter les dattes, les carottes et les noix et bien remuer le tout. Verser le mélange sur la plaque à pâtisserie et l'étendre également sur toute la surface. Faire cuire le mélange pendant 30 minutes ou jusqu'à ce qu'il soit doré à point.

Retirer la plaque du four et laisser le mélange refroidir sur la plaque avant de le couper pour former des barres. Ranger dans des sacs hermétiques et conserver dans un endroit frais si vous prévoyez les consommer au cours des prochains jours. Sinon, ranger les barres dans le réfrigérateur jusqu'à leur consommation.

Boules de fruits

Que vous ayez besoin d'une dose rapide d'énergie ou simplement envie de déguster une collation savoureuse, les boules de fruits sauront vous satisfaire. Vous pouvez y ajouter les fruits séchés de votre choix, bien qu'en raison de leur teneur élevée en sucre, les abricots conviennent parfaitement à cette recette.

Donne **16** barres   Temps de préparation : **10** minutes

³/₄ de tasse/110 g	**d'abricots séchés ou autre fruit séché**
1 tasse/75 g	**de noix de coco râpée**
¹/₂ tasse/120 ml	**de lait concentré sucré**
2 c. à soupe	**de sucre glace**

À la maison :

Mélanger les fruits et la noix de coco dans un grand bol. Verser le lait et bien mélanger. Former des boules (16 boules) et les faire rouler dans le sucre glace pour les enrober complètement. Ranger dans des sacs hermétiques.

Bombes au chocolat

Si la journée achève et vous commencez à faiblir, croquez dans l'une de ces bombes chocolatées et vous déborderez d'énergie. Il s'agit d'une collation délicieuse qui peut aussi bien être cuisinée avant votre départ que lors de la randonnée.

Donne **15** barres   Temps de cuisson : **15** minutes

1 tasse/100 g	**de sucre glace**
1 tasse/255 g	**de beurre d'arachide croquant**
1 tasse/225 g	**de brisures de chocolat noir ou semi-sucré**
¹/₂ tasse/115 g	**de lait en poudre**
2 c. à soupe	**d'eau**

À la maison :

Mélanger tous les ingrédients dans un grand bol et former de petites bouchées en forme de boules. Laisser reposer pendant 15 minutes avant de les ranger dans des sacs hermétiques.

Biscuits à l'avoine et aux noix

Voici une façon toute simple de concocter des biscuits sur le site de camping sans avoir à faire cuire quoi que ce soit. Il vous suffit de faire bouillir de l'eau et de mélanger les ingrédients !

Donne **12** portions   Temps de préparation : **10** minutes

2 c. à soupe	**de beurre ou de margarine**
1/4 de tasse/60 g	**de boisson chocolatée en poudre**
1 1/2 tasse/135 g	**de flocons d'avoine**
2 c. à soupe	**de lait en poudre**
1/4 de c. à thé	**de sel**
3 c. à soupe	**de beurre d'arachide**
1/3 de tasse/65 g	**de sucre**

Au camp :

Heat 1/4 cup of water in a large pan. Add the butter and drinking chocolate and bring to the boil. Add all the remaining ingredients except the sugar and mix well.
Shape the mixture into balls (about 12), flatten them onto a sheet and sprinkle with sugar.
Pack in airtight bags and store in a cool, dark place. They will keep for about a week. If you want to keep them longer, they will need to be refrigerated.

Pam aux noix

Voici une collation délicieuse et nutritive aux noix qui saura vous combler de bonheur sur le sentier ou devant la télévision !

Donne **2** portions
Temps de préparation : **10** minutes   Temps de cuisson : **20** minutes

3 c. à thé	**de sel**
1/2 c. à thé	**de poivre de Cayenne**
1/2 c. à thé	**de poivre blanc**
1/2 c. à thé	**de muscade moulue**
1/2 c. à thé	**de piment de la Jamaïque moulu**
4 tasses/600 g	**de noix assorties, non salées et écalées (comme des arachides, des noix de cajou, des pacanes, des morceaux de noix de Grenoble, des amandes)**
4 c. à soupe	**de beurre**
1/2 tasse/120 g	**de sirop d'érable, de mélasse claire ou de mélasse**

À la maison :

Préchauffer le four à 180°C/350°F. Déposer tous les assaisonnements dans un grand bol, ajouter les noix et bien mélanger.

Faire fondre le beurre dans une poêle à feu moyen avant de l'incorporer au mélange. Remuer jusqu'à ce que tous les ingrédients soient bien incorporés.

Verser le mélange sur une plaque à pâtisserie de 35 x 25 cm avant de le faire cuire au four pendant environ 10 minutes ou jusqu'à ce que le tout soit rôti à point. Remuer de temps en temps pour éviter que le mélange ne colle à la plaque.

Remettre les noix rôties dans le bol, ajouter le sirop d'érable et bien remuer pour enrober complètement les noix.

Redéposer le mélange sur la plaque à pâtisserie et faire cuire au four pendant encore 10 minutes, jusqu'à ce que les noix deviennent plus foncées et que la surface devienne un peu glacée.

Laisser refroidir, puis ranger dans des contenants hermétiques.

Cocktail aux fruits

Ce cocktail saura étancher votre soif. Il se sert tout aussi bien au petit-déjeuner qu'au dîner ou au souper et il permet de ranimer les troupes après une longue journée d'efforts physiques.

Donne **4** portions

1 tasse/240 ml	**de jus d'orange**
1 tasse/240 ml	**de jus d'ananas**
1 tasse/240 ml	**de jus de pamplemousse**
1 tasse/240 ml	**de jus de canneberge**

Mélanger simplement tous les jus dans une bouteille. Bien remuer avant de servir. Conserver le cocktail dans un contenant hermétique. Il se conserve pendant plusieurs jours.

Limonade

Une boisson extrêmement rafraîchissante qui peut être sucrée à votre goût. Cette limonade est encore plus délicieuse lorsqu'elle est servie bien froide. Vous n'avez qu'à verser la limonade dans un contenant hermétique et plonger ce dernier dans de l'eau bien fraîche ou dans une glacière. La limonade peut toutefois s'avérer très rafraîchissante lorsque servie chaude.

Donne **4** portions

1 tasse/240 ml	**de jus de citron**
4 c. à thé	**de sucre**
4 tasses/960 ml	**d'eau**

Mélanger le jus de citron et le sucre dans un grand contenant hermétique et remuer jusqu'à ce que le sucre soit dissous. Ajouter l'eau et brasser avant de servir la limonade.

Chocolat chaud épicé

Cette boisson chaude et décadente est parfaite pour mettre du piquant dans le quotidien des campeurs ou pour vous procurer une dose d'énergie supplémentaire. C'est aussi la boisson idéale pour les mordus du chocolat.

Donne **6** portions   Temps de préparation/de cuisson : **10** minutes

2 barres de 110 g	**de chocolat noir ou au lait**
4 tasses/960 ml	**d'eau**
1 conserve de 400 g	**de lait concentré sucré**
Une pincée	**de poivre de Cayenne**
1/2 c. à thé	**de cannelle**

Casser le chocolat en petits morceaux. Faire bouillir l'eau dans une casserole et ajouter le chocolat et le lait. Remuer le mélange en le faisant chauffer à feu moyen jusqu'à ce que tout le chocolat soit fondu. Ajouter le poivre de Cayenne. Saupoudrer de cannelle avant de servir.

Thé épicé

Le thé est toujours revigorant, et cette version épicée saura vous rafraîchir à la fin d'une longue journée de randonnée.

Donne **8** portions

1/2 tasse/100 g	**de sucre**
8 sachets	**de thé**
6 clous	**de girofle**
1 bâton	**de cannelle**
Tranches	**de peau d'orange**

Faire fondre le sucre à feu moyen dans une casserole avec **3/4** de tasse d'eau pour former un sirop. Préparer le thé dans 4 tasses d'eau. Retirer le sirop du feu et ajouter les clous de girofle, le bâton de cannelle et la peau d'orange. Verser le mélange dans le thé, mélanger et servir bien chaud.

Thé aux fruits du rosier

Les fruits du rosier sont les fruits produits par les roses sauvages et peuvent être cueillis vers la fin de l'été. Vous pouvez aussi vous les procurer dans les boutiques santé ou les boutiques spécialisées en herbes.

3 à 4 c. à soupe de fruits du rosier par tasse

Faire bouillir de l'eau, retirer du feu et ajouter les fruits du rosier. Faire macérer pendant 15 à 20 minutes. Servir avec du miel pour sucrer si désiré.

Thé au bœuf

Voici un petit remontant rapide, chaud et nutritif à consommer à tout moment de la journée.

Ajouter de l'eau bouillante dans des tasses contenant chacune 2 c. à thé de Marmite, de Bovril, de Vegemite ou 2 cubes de bouillon de bœuf.

Eau au gingembre

L'eau au gingembre étanche très bien la soif et calme les maux d'estomac et la nausée. Il est préférable d'utiliser du gingembre frais, pelé et râpé. Le gingembre frais se conserve pendant plusieurs jours et est utile pour un grand nombre de recettes.

Donne **6** portions

Morceau	**de gingembre de 10 cm, pelé et râpé**
3/4 tasse/150 g	**de sucre**
4 tasses/960 ml	**d'eau**
1	**orange pelée et tranchée**

Mélanger ensemble le gingembre râpé, le sucre et l'eau dans un contenant hermétique et laisser reposer pendant 6 heures. Plonger le contenant dans de l'eau fraîche ou dans un lac puisque cette boisson est plus savoureuse lorsque servie bien froide. Égoutter pour retirer la pulpe et le gingembre, puis verser la boisson dans des tasses. Décorer le tout avec des tranches d'orange.

Café au chocolat

Voici la boisson idéale pour les mordus de chocolat et de caféine. Vous pouvez la consommer bien chaude après le souper ou avant de vous mettre au lit, ou alors la déguster bien froide au dîner ou lors d'une chaude journée d'été. Vous pouvez ajouter deux ou trois cerises noires dans votre tasse pour plus de saveur.

Donne **2** portions

2 tasses/480 ml	**d'eau**
2 c. à soupe	**de café moulu**
1 barre de 110 g	**de chocolat noir cassée en morceaux**

Faire bouillir l'eau dans une casserole, ajouter le marc de café et remuer. Retirer du feu, puis ajouter le chocolat morceau par morceau en remuant jusqu'à ce qu'il soit fondu. Verser la boisson dans des tasses en utilisant une cuillère pour retenir le marc de café.

Café camping

Le premier campeur qui se lève se doit de préparer du café.

L'une des façons les plus rapides, efficaces et délicieuses de préparer du café est de faire bouillir de l'eau dans une grande casserole pendant 5 minutes.

Ajouter 1 c. à thé de café par tasse, refaire bouillir de 2 à 3 minutes, puis retirer la casserole du feu et laisser reposer pendant 1 minute.

Verser doucement une demi-tasse d'eau froide sur la surface, tapoter continuellement la casserole avec un ustensile en métal pendant environ 30 secondes pour faire descendre les résidus de café vers le fond. Laisser le café reposer pendant encore 1 minute, puis verser soigneusement le café bien chaud dans les tasses.

Petits-déjeuners

Le petit-déjeuner est le repas le plus important de la journée puisqu'il fournit l'énergie nécessaire pour entreprendre votre randonnée. Nous avons aussi la certitude que ce repas se doit d'être agréable. Aussi bonnes soient-elles, il n'y aucune raison de vous contenter d'un bol de céréales tous les matins. Soyez créatif et vous serez étonné de tout ce que vous êtes en mesure d'inventer.

Surprise au gruau

Ajoutez des ingrédients différents chaque fois que vous préparez cette recette nutritive. En plus d'utiliser une vaste sélection de fruits frais et séchés, vous pouvez ajouter différentes garnitures : du miel, du sirop ou un mélange de canneberges et de cassonade.

Donne **4** portions
Temps de préparation : **5** minutes   Temps de cuisson : moins de **5** minutes

3 tasses/720 ml	**de lait ou de lait en poudre reconstitué**
1¹/₂ tasse/135 g	**de flocons d'avoine**
1 tasse/150 g	**de canneberges séchées**
1 c. à thé	**de cassonade**
Une pincée	**de cannelle**

Au camp :

Faire bouillir le lait dans une grande casserole. Ajouter les flocons d'avoine et faire cuire pendant 5 minutes en remuant de temps à autre. Retirer du feu, ajouter les canneberges et la cassonade et bien mélanger. Servir avec une pincée de cannelle.

Délice aux fruits

Donne **2** portions
Temps de préparation : **2** minutes   Temps de cuisson : **3** à **4** minutes

¹/₂ tasse/75 g	**d'abricots séchés et hachés**
3 tasses/720 ml	**d'eau**
¹/₂ tasse/80 g	**de raisins secs**
¹/₂ c. à thé	**de sel**
1 tasse/70 g	**de lait en poudre**
1 conserve de 225 g	**de riz en crème**
¹/₄ de tasse/45 g	**de cassonade**

Au camp :

Déposer les abricots et l'eau dans une casserole et porter le tout à ébullition. Ajouter graduellement les autres ingrédients, porter une fois de plus à ébullition et faire cuire pendant 1 minute en remuant fréquemment. Retirer du feu, couvrir et laisser reposer pendant 5 minutes avant de verser le tout dans des bols et de servir.

Crêpes aux bananes

Cette recette rapide et facile à préparer offre un petit-déjeuner délicieux, nutritif et énergisant. Vous pouvez remplacer les bananes par d'autres fruits.

Donne **6** crêpes (**2** crêpes par personne)
Temps de préparation : **5** minutes
Temps de cuisson : **10** à **15** minutes pour l'ensemble des crêpes

2 tasses/220 g	**de farine tout usage**
1 c. à thé	**de sel**
2 c. à soupe	**de sucre**
1 c. à thé	**de bicarbonate de soude**
2	**œufs ou un équivalent d'œufs en poudre**
2 tasses/480 ml	**de lait ou de lait en poudre reconstitué**
3 c. à soupe	**de beurre**
1	**banane finement tranchée**
1 c. à soupe	**d'huile végétale**

Au camp :

Dans un grand bol, mélanger ensemble la farine, le sel, le sucre et le bicarbonate de soude. Dans un petit bol, mélanger les œufs, le lait et le beurre. Incorporer le mélange d'œufs dans le mélange d'ingrédients secs pour former une pâte.

Ajouter graduellement les tranches de banane dans le mélange.

Faire chauffer une poêle à feu moyen, ajouter un peu d'huile pour empêcher que cela ne colle et verser environ 2 c. à soupe de pâte pour faire chaque crêpe. Servir avec des confitures ou autres gelées de fruits.

Café et œufs brouillés

Faites cuire vos œufs en préparant votre café. C'est une méthode simple qui vous permettra d'économiser du combustible et de sauver du temps. Lorsque vos œufs sont cuits, déposez-les dans une assiette et versez-vous une tasse de café. Non seulement il s'agit de la façon la plus rapide de préparer le petit-déjeuner, mais vous obtiendrez des œufs brouillés savoureux et moelleux

Donne **2** portions
Temps de préparation : **5** minutes   Temps de cuisson : **10** minutes

4 œufs ou un équivalent d'œufs en poudre
3 c. à soupe de lait ou de lait en poudre reconstitué
Sel et poivre, au goût

At camp:

Faire bouillir de l'eau dans une casserole ou dans une cafetière. Casser les œufs dans un sac en plastique, ajouter le lait et assaisonner au goût. Déposer le sac en plastique dans l'eau bouillante pendant quelques minutes, retirer du feu et vérifier l'état des œufs. Si les œufs ont l'air cuits, c'est-à-dire s'il n'y a pas de liquide dans le sac, fermer le sac et brouiller les œufs en pressant vos doigts sur l'extérieur du sac. Ouvrir le sac et servir les œufs.

Vous pouvez ajouter du fromage au mélange initial d'œufs et de lait ou saupoudrer du fromage sur vos œufs directement dans votre assiette.

Quiche campagnarde sans croûte

Si vous prévoyez faire la grasse matinée et déguster un petit-déjeuner sans presse, profitez-en pour faire le tour du site de camping pendant que la quiche cuit dans le faitout. L'attente en vaut grandement la peine et vous pourrez manger les restes froids au dîner.

Donne **6** portions

Temps de préparation : **10** minutes   Temps de cuisson : **30** à **45** minutes

1 c. à soupe	**de beurre**
1 c. à soupe	**de farine tout usage**
1 tasse	**de fromage cheddar ou gruyère râpé**
4 œufs ou un équivalent d'œufs en poudre	
1¹/₂ tasse/360 ml	**de lait ou de crème fraîche liquide**
1 c. à soupe	**d'herbes hachées (fraîches ou sèches)**
¹/₂ c. à thé	**de sel**
Une pincée	**de muscade**
Une pincée	**de poivre**

Au camp :

Déposer une feuille de papier aluminium dans le faitout et graisser avec du beurre. Faire chauffer à feu moyen. Déposer la farine dans un sac, ajouter le fromage et agiter pour enrober la farine.

Fouetter les œufs dans un bol, puis ajouter le lait, les herbes, le sel, la muscade et le poivre. Verser le fromage enrobé dans le mélange d'œufs et déposer le tout dans le faitout. Faire cuire jusqu'à ce que la quiche soit prête. Retirer du feu, laisser reposer pendant 10 minutes, puis trancher avant de servir.

Omelette dans un sac

Donne **1** portion
Temps de préparation : **2** minutes   Temps de cuisson : moins de **5** minutes

2 œufs
1 c. à soupe   **de fromage râpé**
✿ **1 c. à soupe**   **de jambon en dés, facultatif**
1 c. à soupe   **de poivrons en dés, facultatif**
1 c. à soupe   **de tomates en dés, facultatif**
Sel et poivre, au goût

Au camp :

Faire bouillir une grande casserole remplie d'eau. Casser les œufs dans un grand sac en plastique hermétique et ajouter les autres ingrédients. Fermer le sac et presser l'extérieur avec les doigts de façon à bien mélanger les ingrédients reposant à l'intérieur. Déposer le sac dans la casserole d'eau bouillante et faire cuire de 3 à 4 minutes en remuant de temps à autre.
Les œufs sont prêts lorsqu'il n'y a plus de liquide à l'intérieur du sac.
Pour servir, ouvrir le sac et faire glisser l'omelette dans une assiette.

Bagels aux œufs et au bacon

Le bacon se conserve bien s'il est précuit et scellé dans un emballage plastique. Il peut être conservé pendant quatre ou cinq jours dans la plupart des conditions et peut être réchauffé dans une poêle à frire.

Donne **2** portions
Temps de préparation : **5** minutes   Temps de cuisson : **5** minutes

4   **tranches de bacon précuites**
2   **œufs ou un équivalent d'œufs en poudre**
1 c. à soupe   **de beurre ou de margarine**
2   **bagels**
Sel et poivre, au goût

Au camp:

Préparer des œufs brouillés (voir page 68), faire réchauffer le bacon et le servir avec des œufs sur les deux moitiés d'un bagel tranché et beurré.

71

Pain doré

Voici un petit-déjeuner délicieux, satisfaisant et facile à préparer, qui vous permettra de transformer le vieux pain sec en pain doré tendre et moelleux.

Donne **2** portions (**3** tranches par personne)
Temps de préparation : **2** à **3** minutes   Temps de cuisson : **15** minutes

2	**œufs ou un équivalent d'œufs en poudre**
1/2 tasse	**de lait ou de lait en poudre reconstitué**
3 gouttes	**d'extrait de vanille**
Une pincée	**de cannelle, facultatif**
6	**tranches de pain blanc**
4 c. à soupe	**de beurre ou de margarine**

Au camp :

Casser les œufs dans un bol et ajouter le lait, la vanille et la cannelle. Plonger les tranches de pain dans le mélange de façon à bien enrober les deux côtés.

Faire fondre un peu de beurre dans une poêle à frire. Déposer le pain dans la poêle en y allant une tranche à la fois. Faire cuire chaque côté pendant 2 ou 3 minutes jusqu'à ce que les tranches soient dorées. Rajouter du beurre ou de la margarine au besoin.

Servir avec de la confiture, du miel ou du sirop d'érable.

Petit-déjeuner complet

Donne **2** portions
Temps de préparation : **5** minutes   Temps de cuisson : **10** minutes

6	**petites saucisses**
1	**pomme de terre**
6	**œufs ou un équivalent d'œufs en poudre reconstitué**
3 c. à soupe	**de lait ou de lait en poudre reconstitué**
75 g	**de champignons hachés**
55 g	**de fromage râpé**
Sel et poivre, au goût	

Au camp :

Faire frire les saucisses pendant 10 minutes dans une poêle jusqu'à ce qu'elles soient bien cuites. Pendant que les saucisses cuisent, peler et couper la pomme de terre en dés. Lorsque les saucisses sont prêtes, les retirer du feu et les couper en petits morceaux. Faire cuire les cubes de pomme de terre dans le gras restant dans la poêle jusqu'à ce qu'ils soient tendres et dorés. Battre les œufs avant d'y ajouter le lait et de verser le mélange sur les cubes de pomme de terre. Pendant que les œufs cuisent, ajouter les champignons et le fromage râpé et assaisonner au goût. Servir lorsque le fromage commence à fondre.

Casserole petit-déjeuner

On comprend pourquoi cette recette est parfois surnommée le petit-déjeuner cholestérol ! C'est un vrai petit délice !

Donne **4** portions pour des campeurs affamés
Temps de préparation : **10** minutes   Temps de cuisson : **40** minutes

1 c. à soupe	**de beurre**
4	**tranches épaisses de pain blanc**
455 g	**de fricadelles de saucisse cuites ou de chair à saucisse cuite**
1 tasse	**de fromage cheddar râpé**
6	**œufs ou un équivalent d'œufs en poudre**
2 tasses/480 ml	**de lait ou de lait en poudre reconstitué**
1 c. à thé	**de poudre de moutarde**
Sel, au goût	

Au camp :

Déposer une feuille de papier aluminium au fond du faitout et graisser avec du beurre. Défaire le pain pour former la base du plat et déposer les morceaux au fond du faitout. Défaire la saucisse en petits morceaux et déposer sur le pain avant de couvrir le tout de fromage.

Dans un bol, battre légèrement les œufs avec le lait et la moutarde et assaisonner au goût. Verser le mélange sur le fromage. Couvrir et faire cuire de 35 à 40 minutes. Lorsque la casserole cuit, le fromage lève et forme une croûte dorée sur la couche d'œufs. Assurez-vous que la casserole ne cuise pas trop vite et que les œufs soient cuits tels que désiré.

Soupes, collations et dîners

Si vous entreprenez une petite balade circulaire, vous aurez le temps de vous arrêter et de concocter un bon petit dîner. Si vous tentez d'atteindre un certain objectif chaque jour, un arrêt bref vous permettra de faire chauffer de la soupe ou de déguster une bonne collation. Quel que soit votre parcours, nous espérons que les recettes qui suivent sauront vous mettre l'eau à la bouche.

Soupe de pois chiches et de pâtes

Il est parfois agréable de prendre son temps pour savourer un petit dîner réconfortant.
Cette soupe saura satisfaire vos attentes.

Donne **4** grandes portions
Temps de préparation : **5** minutes   Temps de cuisson : **30** minutes

1 c. à soupe	**d'huile d'olive**
4	**gousses d'ail broyées**
1 c. à soupe	**de romarin frais et haché**
1 conserve	**de 400 g de tomates hachées**
2 tasses/480 ml	**de bouillon de poulet (ou dissoudre 3 cubes de bouillon de poulet dans 2 tasses/480 ml d'eau)**
1 tasse/200 g	**de pois chiches en conserve**
1 tasse/85 g	**de pâtes (comme des macaronis ou des fusillis)**

Au camp :

Dans une grande casserole, faire chauffer l'huile à feu moyen. Ajouter l'ail et le faire sauter
doucement de 3 à 4 minutes en remuant continuellement pour éviter qu'il ne brûle.
Ajouter le romarin et faire cuire pendant encore 2 minutes. Ajouter les tomates, couvrir et
laisser mijoter pendant 15 minutes. Ajouter le bouillon, couvrir et laisser mijoter pendant
encore 10 minutes.
Enfin, ajouter les pois chiches et les pâtes, assaisonner et faire cuire de 8 à 10 minutes
jusqu'à ce que les pâtes soient al dente.

Soupe suédoise aux pommes

Il s'agit d'une soupe épaisse de type gaspacho qui saura vous rafraîchir et vous rassasier à l'heure du dîner. Cette soupe doit être préparée à la maison et s'avère plus délicieuse lorsque servie bien froide.

Donne **4** portions
Temps de préparation : **10** minutes   Temps de cuisson : **45** minutes

6	**pommes à couteau sans trognon, pelées et tranchées**
2	**clous de girofle**
1 c. à soupe	**de sucre**
1 c. à soupe	**de cannelle**
6 c. à soupe	**de beurre fondu**
1 tasse/200 g	**de sucre**
1 tasse/120 g	**de farine tout usage**
1	**œuf ou un équivalent d'œuf en poudre**
2 à 3 gouttes	**d'extrait de vanille**
	Sel, au goût

À la maison :

Préchauffer le four à 180 °C/350 °F. Graisser un moule à tarte de 23 cm et ériger des couches de tranches de pomme jusqu'à ce que le moule soit rempli aux deux tiers. Ajouter les clous de girofle et saupoudrer d'une c. à soupe de sucre et de cannelle. Dans un bol, bien mélanger le beurre, le reste du sucre, la farine, l'œuf, la vanille et un peu de sel. Verser sur les pommes et faire chauffer le tout pendant 45 minutes. Laisser refroidir complètement, puis ranger dans des sacs ou des contenants hermétiques.

Soupe du jour

Il est préférable de préparer cette recette vers la fin du séjour puisque cela permet d'utiliser tous les restes de nourriture. C'est ainsi que vous concocterez une soupe du jour originale et unique en son genre. Assurez-vous de trimballer les ingrédients de base comme des cubes de bouillon de b?uf, de poulet ou de légumes, des herbes et des épices pour vous permettre de préparer le bouillon, puis laissez aller votre imagination !

Donne **4** portions
Temps de préparation : **5** minutes   Temps de cuisson : **10** minutes

1 tasse/150 g	**de légumes assortis coupés en dés**
4 cubes	**de bouillon**
2 tasses/380 g	**de riz, de nouilles ou de couscous**
	Herbes séchées, au goût
	Sel et poivre, au goût

À la maison :
Déshydrater les légumes et les ranger dans un sac hermétique (voir p.19).

Au camp :
Faire bouillir 950 ml d'eau et émietter des cubes de bouillon à l'intérieur. Ajouter des herbes et assaisonner au goût. Réduire le feu et ajouter les restes de légumes et de viandes qui vous tombent sous la main.
Utiliser des spaghettis pour préparer une soupe de type minestrone.
Utiliser du bouillon de légumes et ajouter des fèves, des nouilles et autres restes de table pour concocter une soupe riche aux légumes et aux fèves.
Utiliser des cubes de bouillon de b?uf, ajouter un peu de lait, des champignons ainsi que des restes de table et du riz pour préparer un b?uf stroganoff aux champignons.
Lorsque vous utilisez des restes de table, faites-les chauffer sans faire bouillir l'eau pour éviter que le tout ne se transforme en bouillie. Laissez mijoter les ingrédients de votre soupe pour vous assurer qu'ils soient bien chauds et que toutes les bactéries soient éliminées.

Garnitures de pita

N'ayez pas peur d'être créatif lorsque vous préparez des garnitures pour les pitas. Voici quelques suggestions pour égayer un sandwich pita.

Mélanger des cubes de poitrine de poulet cuite, de l'oignon finement tranché et 1 c. à thé de salsa pour concocter un pita mexicain.

Faire mariner des cubes de poulet dans du yogourt nature avec une pincée de menthe fraîche finement hachée pour préparer un pita grec.

Mélanger des champignons hachés crus, des morceaux d'aubergine et du fromage feta pour cuisiner un savoureux sandwich végétarien.

Pizza sur pita

Voici un dîner amusant prêt en un rien de temps. Vous pouvez improviser et ajouter vos garnitures préférées.

Donne 2 portions
Temps de préparation : 5 minutes   Temps de cuisson : 8 à 10 minutes

2	pains pitas
1/2 tasse/120 ml	de sauce tomate et basilic (p.98)
60 g	de salami finement tranché
1/2 tasse/55 g	de fromage cheddar râpé

Au camp :

Déposer les pains pitas dans une grande poêle et les couvrir de sauce tomate et basilic. Remuer les pitas de temps à autre pour éviter qu'ils ne collent ou qu'ils ne brûlent. Déposer des tranches de salami, puis saupoudrer le tout de fromage cheddar. Faire chauffer doucement jusqu'à ce que le fromage soit fondu, puis déguster la pizza sur pita.

Salade de tomates, concombre et oignon rouge

Cette salade est très facile à faire, mais il est préférable de la cuisiner d'avance puisque les ingrédients ont besoin d'environ une heure pour bien macérer. L'attente en vaut toutefois grandement la peine.

Donne **6** portions
Temps de préparation : **10** minutes   Temps de repos : **1** heure

2	**concombres**
1/3 de tasse	**de vinaigre de vin rouge**
1 c. à soupe	**de sucre**
1 c. à thé	**de sel**
3	**tomates épépinées et tranchées (pas trop finement)**
1	**oignon rouge haché**
Un petit bouquet	**de menthe fraîche hachée**
3 c. à soupe	**d'huile**
	Sel et poivre, au goût

Au camp :

Peler les concombres avant de les couper en deux dans le sens de la longueur. Enlever les pépins et couper en tranches. Dans un grand bol, mélanger le concombre, le vinaigre, le sucre et le sel. Laisser reposer pendant environ 1 heure. Pendant ce temps, couper le reste des ingrédients. Lorsque vous êtes prêt à servir, ajouter les tomates, l'oignon, la menthe et l'huile et mélanger le tout. Assaisonner avec du sel et du poivre, au goût.

Petits conseils du campeur :

- Si vous partez pendant plusieurs semaines et que vous prévoyez visiter des villes, vous pouvez emballer des ingrédients avant le départ et les poster à certains endroits de votre itinéraire pour compléter vos provisions, pour vous assurer d'avoir les ingrédients qui sont plus difficiles à trouver ou simplement pour renouveler votre menu.

- Économisez du combustible en faisant cuire vos aliments moins longtemps et en les laissant mijoter quelques instants avec un couvercle pour terminer la cuisson. Cette méthode fonctionne mieux avec des légumes.

- Vous pouvez prévoir de petites surprises pour faire plaisir aux autres randonneurs lorsqu'ils s'y attendent le moins ou lorsqu'ils en ont vraiment besoin. Apportez de la réglisse, des arachides, des raisins secs ou des friandises – ces petites gâteries sauront remonter le moral des troupes.

Petit remontant aux pommes et aux noix

Voici une façon intelligente et nutritive de consommer des calories lorsque vous faites de la randonnée. Cette recette constitue un classique scout depuis des années.

Donne **2** portions   Temps de préparation : **3** minutes

2 c. à soupe	**de beurre d'arachide**
2 c. à soupe	**d'arachides**
2 c. à soupe	**de raisins secs et/ou de brisures de chocolat**
2	**pommes**

Au camp :

Mélanger le beurre d'arachide, les arachides, les raisins secs et/ou les brisures de chocolat pour former une pâte collante. Enlever les trognons des pommes et remplir les trous avec la pâte. Envelopper chaque pomme dans un emballage plastique ou dans un sac en plastique en retirant le plus d'air possible. Ranger les pommes dans une poche ou dans le sac à dos jusqu'au prochain petit creux.

Tartinade d'haricots noirs

Les trempettes et les tartinades sont conçues pour être dégustées en cours de route avec du pain ou des craquelins, car les saveurs plus robustes sont exactement ce dont vous avez besoin lorsque vous mangez à l'extérieur. Cette tartinade est délicieuse, nutritive et peut être cuisinée à l'avance.

Donne 6 portions (réparties en 2 dîners)   Temps de préparation : 5 minutes

1 conserve	**de 400 g de haricots noirs**
2	**gousses d'ail broyées**
4 c. à soupe	**de salsa moyenne ou piquante**
1/2 tasse/110 g	**de fromage cottage**
1 c. à thé	**de sauce piquante, facultatif**
2 c. à thé	**de cumin moulu**
1 c. à thé	**de coriandre fraîche hachée**
	Sel et poivre, au goût

À la maison :

Égoutter les haricots et les déposer dans le mélangeur avec tous les autres ingrédients. Mélanger jusqu'à ce que le tout soit lisse.

Ranger dans deux contenants hermétiques; chaque contenant devrait fournir assez de tartinade pour 6 personnes. Réfrigérer jusqu'à sa consommation. Lors de la randonnée, consommer lors de la première journée ou ranger dans une glacière pour utilisation future.

Au camp :

Égoutter les haricots et les déposer dans un bol avec tous les autres ingrédients. Utiliser une fourchette pour écraser tous les ingrédients, puis les mélanger pour former une pâte aussi lisse que possible.

Tartinade de bacon et de cheddar

Cette tartinade est savoureuse, croustillante et tout simplement divine lorsque servie dans la nature sur du pain chaud

Donne **8** portions
Temps de préparation : **15** minutes   Temps de repos : **5** minutes

10	**tranches de bacon**
2 tasses/225 g	**de fromage cheddar râpé**
1 c. à soupe	**d'oignon rouge râpé**
1 tasse/240 ml	**de sauce pour salade**
	(achetée ou faite maison; voir la recette ci-dessous)

Au camp :
Faire frire le bacon dans une poêle à feu moyen jusqu'à ce qu'il soit bien cuit et croustillant. Égoutter et défaire en petits morceaux. Dans un bol, mélanger le bacon, le fromage, l'oignon et la sauce. Servir sur du pain ou des craquelins. Si possible, laisser refroidir pendant 1 heure avant de servir.

Sauce crémeuse pour salade instantanée

1/2	**gousse d'ail écrasée**
1/2 c. à soupe	**d'huile**
1/2 tasse/120 ml	**de crème sure**
1/4 de tasse	**de lait**

Au camp :
Faire ramollir l'ail dans une poêle à feu doux pendant environ 1 minute. Ajouter la crème sure et le lait. Remuer continuellement jusqu'à ce que le mélange épaississe.
Ne pas faire bouillir. Consommer immédiatement.

Bol de pâtes

Voici une façon rapide de préparer un dîner nourrissant. C'est agréable de faire une pause lors d'une journée frisquette pour déguster un bon petit repas chaud. Cette recette saura vous réchauffer de la tête aux pieds.

Donne **4** grandes portions
Temps de préparation : **5** minutes   Temps de cuisson : **20** minutes

1 tasse/140 g	**de pâtes sèches**
	(comme des conchiole ou des macaronis)
✿ **1**	**poivron vert haché**
✿ **1**	**tomate hachée**
✿ **1**	**oignon finement haché**
1 conserve de 400 g	**de haricots secs**
2 tasses/480 ml	**de bouillon de poulet**
1 conserve de 235 g	**de pois chiches**
1 c. à thé	**de sauce Worcestershire**
1 c. à thé	**de basilic séché**
1 gousse	**d'ail finement hachée**

À la maison :

Mélanger préalablement les ingrédients secs et les ingrédients déshydratés dans un sac pour sauver du temps. Remballer les haricots en conserve dans des sacs en plastique hermétiques.

Au camp :

Mélanger tous les ingrédients dans une grande casserole, couvrir et porter à ébullition. Laisser reposer 15 minutes en remuant de temps à autre jusqu'à ce que les pâtes soient al dente. Ajouter une demi-tasse de pâtes pour épaissir le plat si désiré.

Pâtes sur le pouce

Si vous avez besoin d'un repas énergétique, mais que vous n'avez pas beaucoup de temps à consacrer à sa préparation, vous n'avez qu'à faire bouillir une casserole d'eau et à concocter cette recette rapide à teneur élevée en glucides. Ce repas peut être préparé en 15 minutes et vous mettra l'eau à la bouche.

Bon

Donne **2** portions
Temps de préparation : **15** minutes   Temps de cuisson : **10** minutes

1/2 c. à thé	de sel
1 tasse/85 g	de pâtes (comme des pennes ou des rigatonis)
1 c. à soupe	d'huile
1 tasse/45 g	de fromage parmesan râpé *(pas en copeaux)*
✲ 3	tomates hachées
2 c. à thé	de basilic séché
1 c. à thé	de persil séché

Au camp :

Faire bouillir un gros chaudron d'eau, ajouter les pâtes et faire cuire le tout à forte ébullition pendant 7 minutes. Retirer les pâtes du feu lorsqu'elles sont al dente et égoutter. Ajouter l'huile, le parmesan, les tomates et les herbes. Remuer tous les ingrédients pour enrober les pâtes et servir immédiatement. Râper du parmesan et saupoudrer.

Ragoût sans casserole

Ce ragoût tout simple et satisfaisant est cuit dans un sac. Ainsi, vous n'avez pas de casserole à laver après le repas ! Il s'agit d'un mets versatile puisque vous pouvez ajouter presque tous les ingrédients de votre choix.

Donne 4 portions

Temps de préparation : 5 minutes   Temps de cuisson : 30 minutes

2	**gros oignons tranchés**
1	**gros poivron vert tranché**
2	**grosses carottes coupées en petits morceaux**
2	**pommes de terre pelées et coupées en petits morceaux**
	Saucisse hachée, restes de poulet en dés, etc.
2	**gousses d'ail broyées**
1 c. à soupe	**de beurre ou de margarine**
	Sel et poivre, au goût

Au camp :

Déposer les légumes et la viande sur une feuille d'aluminium, puis étaler de l'ail, du beurre ainsi que du sel et du poivre au goût. Verser un peu d'eau, puis fermer le papier d'aluminium pour former un paquet. Suspendre le paquet au-dessus des flammes (sans le mettre en contact direct) pendant environ 30 minutes. Si vous utilisez de la viande non cuite, assurez-vous qu'elle soit bien cuite avant de la retirer du feu. Servir avec du riz ou des nouilles.

Sauté aux pommes et à la dinde

L'avantage d'un plat sauté est que vous pouvez préparer un mets à la fois rapide et léger, et savoureux, sain et nutritif. Si vous prenez le temps de mélanger quelques ingrédients après le petit-déjeuner, vous serez en mesure de préparer ce mets en moins de 15 minutes.

Donne 6 portions
Temps de préparation : 5 minutes (temps de repos : 30 minutes)
Temps de cuisson : 7 à 9 minutes

1/2 c. à thé	de poivre noir moulu
2	gousses d'ail broyées
1 c. à soupe	de cassonade
2 c. à soupe	de sauce soja
1 c. à soupe	de sauce Worcestershire
1 c. à soupe	de farine de maïs
1/2 tasse/120 ml	de jus de pomme non sucré
680 g	de poitrine de dinde coupée en dés
1 c. à soupe	d'huile
1 tasse/150 g	de pois mange-tout
4	carottes finement hachées

Au camp :

Mélanger le poivre, l'ail, le sucre, la sauce soja, la sauce Worcestershire, la farine de maïs et le jus de pomme dans un grand sac en plastique hermétique. Ajouter les cubes de dinde. Si possible, compléter cette étape au campement avant d'entreprendre la randonnée.
À l'heure du dîner, faire chauffer l'huile dans une poêle à feu élevé. Ajouter le mélange de dinde et faire sauter de 5 à 6 minutes. Pendant que la dinde cuit, repousser la viande vers les extrémités de la poêle et déposer les légumes au centre pour les faire cuire pendant 3 minutes. Servir la dinde et les légumes seuls ou avec du riz.

Bûche aux fruits

Comme ces amuse-gueules fruités ont une teneur élevée en sucre, vous serez en mesure de les préparer et de les conserver pendant plusieurs jours. Il s'agit d'une recette que vous pourrez concocter en deux temps trois mouvements dans la cuisinette de votre campement.

Donne **10** tranches
Temps de préparation : **15** minutes

¹/₂ tasse/120 g	**de dattes hachées**
¹/₂ tasse/80 g	**de raisins secs hachés**
¹/₂ tasse/40 g	**de noix de coco râpée**
¹/₂ tasse/75 g	**de noix mélangées et hachées**
¹/₂ tasse/115 g	**de cerises glacées et hachées**
¹/₂ tasse/75 g	**d'abricots séchés et hachés**
¹/₂ tasse/75 g	**de pêches hachées (fraîches ou en conserve)**
¹/₂ de tasse/60 g	**de figues séchées et hachées**
2 c. à soupe	**de jus d'orange**
1 c. à soupe	**de sucre glace**

À la maison :

S'assurer que tous les fruits et les noix sont hachés aussi finement que possible avant de les mélanger dans un grand bol. Verser le jus d'orange dans le bol et bien incorporer tous les ingrédients avec les mains. Transférer le mélange sur une planche pour former une bûche d'environ 20 à 25 centimètres de longueur et 10 cm de diamètre. Saupoudrer de sucre glace.

(Vous pouvez omettre d'ajouter les noix au mélange et opter plutôt pour rouler la bûche dans les noix mélangées pour bien l'enrober.)

Envelopper la bûche dans un sac en plastique hermétique ou la couper en tranches pour envelopper celles-ci individuellement. Réfrigérer jusqu'à utilisation. Lorsqu'elle est emballée dans des sacs hermétiques, cette bûche se conserve pendant plusieurs jours. Il ne tient qu'à vous de résister à la tentation !

Bouchées au beurre d'arachide croquant

Les arachides sont idéales pour vous procurer une dose d'énergie supplémentaire. Ajoutez-y du miel, du sucre et des fruits, et vous déborderez d'énergie !

Donne **6** portions
Temps de préparation : **10** minutes
Temps de cuisson : **10** minutes

1 c. à soupe	**de margarine**
1/4 de tasse/90 g	**de cassonade**
2 c. à soupe	**de miel**
1/2 tasse/130 g	**de beurre d'arachide croquant**
1 1/4 tasse/30 g	**de flocons de céréales**
3 c. à soupe	**de fruits séchés mélangés**

Au camp :

Graisser une plaque à pâtisserie de 35 x 25 cm avec de la margarine. Faire chauffer le sucre et le miel à feu moyen dans une casserole de taille moyenne jusqu'à ce que le sucre soit dissous. Surveiller sans cesse pour éviter que le mélange ne brûle. Retirer du feu et ajouter le beurre d'arachide en remuant bien jusqu'à ce que le mélange soit lisse. Ajouter les flocons de céréales et les fruits séchés. Étendre également le mélange sur la plaque pour obtenir une épaisseur d'environ 2,5 cm. Laisser refroidir, puis couper le mélange en carrés pour les servir ou pour les ranger individuellement dans des emballages en plastique.

Soupers et mets d'accompagnement tout-en-un !

D'un point de vue nutritif, le souper est le repas le plus important après le petit-déjeuner. Lorsque vous faites de la randonnée, il est normal de vous sentir épuisé, d'avoir mal aux pieds et d'être affamé quand vient l'heure du souper. Il est parfois assez difficile de rassembler l'énergie nécessaire pour préparer un repas complet. Il est toutefois conseillé de ravitailler votre corps en carburant avant la tombée de la nuit afin de rester au chaud et de vous réhydrater. Les recettes tout-en-un qui suivent sont non seulement conçues pour être nutritives, mais elles sont également très faciles à préparer. Il ne reste plus qu'à cuisiner quelques mets d'accompagnement pour transformer votre repas de camping en un véritable banquet de la nature !

Chili aux lentilles

Voici un chili aux légumes à la fois savoureux et nutritif. Non seulement le blé boulgour possède tous les nutriments du blé entier, mais il offre aussi plus de consistance et demande un temps de cuisson inférieur à ce dernier.

Donne **6** portions
Temps de préparation : **10** minutes   Temps de cuisson : **35** minutes

2 c. à soupe	**d'huile**
1	**gros oignon finement haché**
1	**poivron vert haché**
4	**gousses d'ail broyées**
1 tasse/200 g	**de lentilles**
1 tasse/230 g	**de blé boulgour**
3	**grosses pommes de terre pelées et coupées en petits cubes**
3 tasses/720 ml	**de bouillon de légumes**
1 conserve de 450 g	**de tomates hachées**
2 c. à thé	**d'assaisonnement au chile**
1 c. à soupe	**de cumin moulu**

Au camp :

Faire chauffer l'huile à feu moyen dans un grand chaudron. Ajouter l'oignon, le poivron et l'ail et faire sauter le tout pendant 5 minutes jusqu'à ce que les légumes soient tendres. Ajouter le reste des ingrédients. Faire bouillir le mélange, couvrir et laisser mijoter à feu doux pendant 30 minutes en brassant de temps à autre jusqu'à ce que les lentilles soient tendres. Servir immédiatement dans des bols et manger bien chaud !

Ragoût au poulet et aux pommes

Cette recette de ragoût est très nutritive. Vous pouvez ajouter vos légumes préférés si vous le désirez. Ce mets se mijote préférablement dans un faitout, mais vous pouvez aussi le préparer dans une casserole posée sur un réchaud si vous avez beaucoup de combustible.

moyen (Lake Placid)

Donne **4** portions

Temps de préparation : **10** minutes   Temps de cuisson : **45** minutes

1 c. à soupe	d'huile
450 g	de poitrine de poulet coupée en dés
Une pincée	de muscade
	Sel et poivre, au goût
1 c. à soupe	de moutarde de Dijon
475 ml de bouillon *pas plus*	de poulet (ou dissoudre 3 cubes de bouillon de poulet dans de l'eau)
1/4 de tasse	de vinaigre de cidre de pomme
4	clous de girofle
1	pomme de terre pelée et coupée en petits morceaux
2	carottes finement tranchées
4	pommes rouges, pelées, sans le trognon et coupées en tranches épaisses
1 tasse/240 ml	de compote de pommes non sucrée

Au camp :

Faire chauffer l'huile à feu moyen dans un grand chaudron. Ajouter le poulet et faire cuire pendant environ 5 minutes en le retournant fréquemment jusqu'à ce que les deux côtés soient dorés. Ajouter la muscade, le sel, le poivre et la moutarde. Remuer le tout pour s'assurer que le poulet soit bien enrobé. Ajouter le bouillon, le vinaigre, les clous de girofle, les pommes de terre et les carottes.

Faire bouillir, couvrir et laisser mijoter à feu doux pendant 15 minutes.

Ajouter les pommes et faire cuire pendant encore 15 minutes. Éviter de trop faire cuire les pommes pour qu'elles conservent leur forme et leur texture. Retirer la viande et les légumes et les garder au chaud dans une casserole posée près du feu.

Verser la compote de pommes dans le bouillon et faire bouillir pendant encore 5 minutes. Servir le poulet et les légumes dans des bols avant de les napper de bouillon chaud.

Pâtes Alfredo

La sauce Alfredo combine la richesse de la crème et le goût piquant du fromage parmesan, soit deux ingrédients qui s'agencent merveilleusement aux pâtes. Il s'agit d'un mets délicieux qui peut être préparé pendant que les autres montent les tentes et allument le feu.

Donne **8** portions
Temps de préparation : **10** minutes   Temps de cuisson : **10** minutes

450 g	**de pâtes (comme des pennes ou des rigatonis)**
4 c. à soupe	**de beurre ou de margarine**
2 tasses/140 g	**de champignons tranchés**
1/2 tasse/120 ml	**de double-crème**
200 g	**de jambon cuit coupé en tranches minces**
900 g	**de poitrines de poulet désossées et sans peau coupées en dés**
2/3 de tasse	**de fromage parmesan râpé**
	Poivre noir moulu, au goût

Au camp :

Faire bouillir de l'eau salée dans un grand chaudron et faire cuire les pâtes pendant 10 minutes jusqu'à ce qu'elles soient al dente.

Dans une poêle, faire fondre la moitié du beurre à feu moyen et faire sauter les champignons jusqu'à ce qu'ils brunissent. Verser la crème sur les champignons et bien remuer le tout. Ajouter le jambon et le poulet et bien faire cuire les viandes. Lorsque les pâtes sont prêtes, les retirer du feu, les égoutter et les remettre dans le chaudron avant d'y verser le reste du beurre et le mélange de champignons.

Bien mélanger pour incorporer tous les ingrédients. Servir dans de grands bols et saupoudrer de parmesan et de poivre.

Lasagne au faitout

Voici une lasagne délicieuse et facile à cuisiner. Comme elle doit cuire longtemps, il est préférable de la préparer dans le faitout et de la laisser reposer sur les tisons brûlants du feu. Ce mets ne convient pas aux campeurs qui voyagent léger. Si toutefois vous êtes un groupe assez nombreux qui partage le poids de la nourriture ou que vous vous déplacez à bord d'un véhicule, l'effort en vaut grandement la peine.

Donne **8** à **12** portions

Temps de préparation : **15** minutes   Temps de cuisson : **45** minutes

900 g	**de bœuf haché**
	Sauce tomate et basilic
	(voir la recette ci-dessous)
2 tasses/450 g	**de fromage ricotta ou de fromage cottage**
3	**œufs ou l'équivalent en poudre**
1 c. à thé	**d'origan**
1/2 c. à thé	**de basilic**
12	**feuilles de lasagne prêtes à cuire**
450 g	**de fromage cheddar râpé**
25 g	**de fromage parmesan râpé**

Sauce tomate et basilic :

✧ **10**	**tomates**
1/2 tasse	**de basilic frais finement haché**
6 c. à soupe	**d'huile d'olive**
4	**gousses d'ail hachées**
	Sel et poivre, au goût

À la maison :

Pour faire la sauce tomate et basilic : égrainer les tomates et les couper finement en dés. Déposer les cubes dans un grand bol et ajouter le basilic, l'huile, l'ail, le sel et le poivre. Bien mélanger et laisser reposer pendant 1 heure avant de ranger la sauce dans un contenant hermétique. Réfrigérer. À consommer au cours des deux prochains jours.

Au camp :

Déposer un faitout sur les tisons du feu et préchauffer. Déposer directement la viande dans le faitout et faire mariner dans son jus pendant 5 à 6 minutes ou jusqu'à ce qu'elle brunisse. Retirer du feu et déposer la viande dans un bol.

Ajouter la sauce tomate et basilic et bien mélanger avec la viande.

Dans un autre bol, mélanger ensemble le fromage ricotta, les œufs et les herbes.

Déposer ensuite du papier d'aluminium au fond et sur les côtés du faitout et badigeonner le papier avec du beurre fondu avant de remettre le faitout sur les tisons. Assurez-vous que le papier d'aluminium s'étende sur tous les côtés du faitout.

Pour préparer la lasagne :

Étendre également une couche de sauce à la viande sur le papier d'aluminium posé au fond du faitout. Couvrir avec 3 feuilles de lasagne. Les pâtes s'étendront au cours de la cuisson, alors il n'est pas nécessaire de faire se chevaucher les feuilles.Étendre une couche du mélange de fromage ricotta sur les feuilles de lasagne, puis étendre à nouveau une couche de sauce à la viande et une couche de fromage cheddar. Ajouter une autre couche de pâtes, une autre de ricotta, une autre de sauce à la viande et une autre de cheddar et continuer ainsi jusqu'à ce que toutes les quantités soient utilisées à l'exception d'une tasse de fromage cheddar. Saupoudrer la lasagne de fromage parmesan, puis couvrir la lasagne avec du papier d'aluminium. Couvrir avec le couvercle du faitout et poser des tisons sur le dessus. Faire cuire pendant environ 30 minutes.Retirer le couvercle et le papier d'aluminium et saupoudrer la lasagne avec le reste du fromage cheddar avant de la faire cuire pendant encore 10 minutes. Retirer le faitout du feu, laisser reposer pendant environ 5 minutes et soulever la lasagne. Laisser reposer pendant quelques minutes, il sera alors plus facile de couper des portions. Servir chaud.

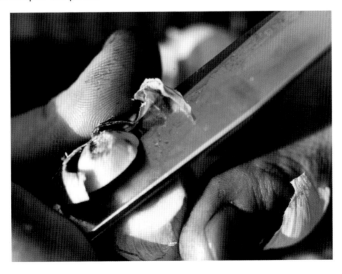

Pain de viande

Cette recette est idéale pour rassasier quatre randonneurs affamés. Vous pouvez consommer les restes froids le lendemain. Les carottes ajoutent une touche d'originalité au mets et le différencie de la recette traditionnelle de pain de viande. Vous pouvez le préparer à la maison ou le cuisiner au campement à l'aide d'un faitout, d'un moule à pain ou d'un plat construit avec du papier d'aluminium. Il suffit ensuite de couper les légumes et de bien mélanger les ingrédients pour préparer le pain.

Donne **4** portions
Temps de préparation : **5** minutes   Temps de cuisson : environ **1** heure

450 g	**de bœuf haché**
2	**grosses carottes râpées**
1	**gros oignon haché**
1	**poivron vert coupé en dés, facultatif**
1 tasse/90 g	**de flocons d'avoine**
1	**œuf ou l'équivalent en poudre**
1 tasse/240 ml	**de lait ou de lait en poudre reconstitué**
1 c. à thé	**de sauce Worcestershire**
	Sel et poivre, au goût

À la maison :

Préchauffer le four à 180 °C/350 °F. Mélanger tous les ingrédients dans un grand bol jusqu'à ce que tout soit bien incorporé. Verser le mélange dans un moule à pain graissé de 23 x 12 cm et faire chauffer dans le four pendant 1 heure. Le pain devrait alors être ferme à l'extérieur et tendre à l'intérieur, et la viande devrait être bien cuite. Retirer du four, enlever le gras et laisser refroidir complètement. Envelopper dans un emballage plastique puis dans du papier d'aluminium et réfrigérer jusqu'à son utilisation.

Ou Au camp

Préchauffer le faitout et déposer une feuille d'aluminium graissée au fond de celui-ci. Déposer tous les ingrédients dans un grand bol, bien mélanger et travailler la pâte pour former un pain. Déposer le pain sur le papier d'aluminium et faire cuire pendant 1 heure. Retirer du feu, laisser refroidir et couper.
Servir en tranches avec les mets d'accompagnement de votre choix.

Couscous au citron et au poulet

L'avantage du couscous est qu'il se cuisine plus vite et gonfle beaucoup plus que le riz. Cette recette est donc facile à préparer et se concocte en un rien de temps. Le citron ajoute une touche rafraîchissante au mets.

Donne **2** portions
Temps de préparation : **5** minutes   Temps de cuisson : **15** à **20** minutes

900 g	**de morceaux de poulet**
4	**cubes de bouillon de poulet**
Une pincée	**de zeste de citron**
1 tasse/180 g	**de couscous**
1 c. à soupe	**d'huile**
1 c. à thé	**d'origan séché**
1 c. à thé	**de persil séché**
	Sel et poivre, au goût

À la maison :

Pour déshydrater le poulet, couper en dés 900 g de poitrine de poulet sans peau pour produire 225 g de poulet déshydraté (consulter la page 19).
Emballer dans un sac hermétique.

Au camp :

Pour réhydrater le poulet, ajouter 2 tasses/480 ml d'eau et laisser la viande se reconstituer dans un sac en plastique scellé. Si vous prévoyez manger le poulet au souper, il faut ajouter l'eau au cours de la journée (à l'heure du dîner).
Remplir une casserole de 3 tasses/720 ml d'eau et faire bouillir. Ajouter les cubes de bouillon de poulet, le poulet et le zeste de citron avant de remuer le tout.
Ajouter le couscous et retirer immédiatement du feu. Laisser reposer avec le couvercle pendant 5 minutes.
Faire gonfler le couscous à l'aide d'une fourchette en ajoutant l'huile, l'origan et le persil et assaisonner au goût. Servir chaud.

Poisson en papillote

Il s'agit d'une façon rapide et délicieuse de préparer le poisson que vous avez pêché vous-même ou que vous avez acheté chez le poissonnier du coin. Cette recette s'adapte à presque tous les types de poisson. Vous pouvez cuisiner le poisson dans un faitout ou sur un gril.

Donne **4** portions
Temps de préparation : **10** minutes   Temps de cuisson : **10** à **15** minutes

2	**poissons frais (nettoyés pour obtenir 4 filets)**
2	**piments jalapeños**
2 c. à soupe	**d'huile**
1 c. à thé	**de sel**
2	**gousses d'ail broyées**
2 c. à thé	**de poivre noir**
2	**citrons coupés en 8 morceaux**

Au camp :

Préchauffer le faitout ou le gril.

Déposer chaque filet sur un carré de papier d'aluminium.

Préparer les jalapeños en coupant l'extrémité et en délogeant et en retirant les pépins à l'aide d'un couteau à fine lame (les pépins sont extrêmement piquants). Trancher finement les piments. Ne touchez pas vos yeux lorsque vous manipulez des piments jalapeños et assurez-vous de bien laver vos mains lorsque vous avez terminé.

Badigeonner les filets avec de l'huile et assaisonner avec du sel, du poivre et de l'ail.

Déposer les tranches de jalapeños et extraire le jus de 2 morceaux de citron sur chaque filet. Plier le papier d'aluminium pour en faire une papillote en s'assurant que les côtés soient bien fermés. Faire cuire dans le four ou sur le gril de 10 à 15 minutes (les gros filets auront besoin de 5 à 10 minutes de plus pour cuire). Le poisson est prêt lorsqu'il s'émiette facilement avec une fourchette. Servir chaud.

Bœuf au gingembre

Dégustez un repas oriental grâce à ce délicieux mets grillé. La sauce hoisin est faite à base de fèves de soja fermentées, de sucre, d'ail et de vinaigre. Elle est à la fois sucrée et piquante et s'avère tout simplement divine lorsqu'on l'applique sur des côtes levées, du poulet ou du bœuf. Vous pouvez vous en procurer dans les boutiques asiatiques.

Donne **6** portions
Temps de préparation : **25** minutes   Temps de cuisson : **15** minutes

¹/₂ tasse/120 ml	**de sauce hoisin**
¹/₂ tasse/120 ml	**de xérès**
¹/₂ tasse/120 ml	**de sauce soja**
4	**ciboules finement hachées**
4	**gousses d'ail broyées**
2 c. à soupe	**de gingembre moulu**
6	**tranches de bœuf de 220 g**

Au camp :

Mélanger la sauce hoisin, le xérès, la sauce soja, la ciboule, l'ail et le gingembre dans un grand sac en plastique hermétique.

Couper le bœuf pour former des tranches d'environ 5 cm d'épaisseur.

Déposer le bœuf dans le sac contenant la sauce, bien mélanger et laisser mariner pendant 4 heures.

Allumer le gril, enfiler le bœuf sur des brochettes et faire cuire à votre goût – environ 2 minutes de chaque côté pour une cuisson saignante ou à point, ou environ 3 minutes de chaque côté pour une cuisson à point ou bien cuite.

Colis express pour randonneurs affamés

Donne **4** portions

Temps de préparation : **10** minutes   Temps de cuisson : **30** minutes

✿ **450 g**	de bœuf haché
1	pomme de terre pelée et coupée en petits cubes
1	carotte pelée et coupée en petites tranches
1	oignon finement haché
4 c. à soupe	de ketchup ou de pâte de tomates
	Sel et poivre, au goût

Au camp :

Diviser la viande en quatre portions et former des boulettes. Mélanger et diviser les légumes en quatre portions.

Pour chaque boulette, prendre un carré de papier d'aluminium et étendre 1 c. à soupe de ketchup ou de pâte de tomates (mélanger avec un peu d'eau) au centre de la feuille.

Déposer une boulette sur le ketchup et une portion des légumes sur la boulette. Assaisonner au goût.

Replier le papier d'aluminium pour former quatre colis en refermant bien les côtés et le dessus de chaque papillote. Faire cuire sur la braise fumante pendant environ 30 minutes. Servir chaud.

Risotto aux saucisses

Cette version de risotto est l'exemple parfait d'une recette tout-en-un. Comme vous devez lui accorder 30 minutes de votre temps, ce n'est pas la recette idéale si vous êtes affamé, à moins que vous ayez quelque chose à grignoter pendant la cuisson. Vous pouvez remplacer les saucisses par du poulet ou par des miettes de poisson pour un résultat tout aussi savoureux, ou alors cuisiner une délicieuse version végétarienne.

Serves **6**   Prep. time: **10** mins   Cooking time: **20–30** mins

1 c. à soupe	**d'huile**
2	**gousses d'ail broyées**
1	**oignon finement haché**
570 g	**de riz à grains longs**
4 tasses/960 ml	**de bouillon de poulet**
1 tasse/240 ml	**de tomates hachées égouttées en conserve**
1/2 tasse/70 g	**de champignons tranchés**
2	**gros salamis italiens (environ 110 g chacun), sans boyau et tranchés**
1 c. à soupe	**de persil séché**

Au camp :

Faire chauffer l'huile dans une casserole à feu moyen et ajouter l'ail et l'oignon. Faire sauter jusqu'à ce qu'ils soient dorés. Ajouter le riz et bien remuer pour enrober les grains.

Ajouter 3 tasses/720 ml de bouillon de poulet chaud et laisser le liquide mijoter jusqu'à ce que le riz soit tendre et qu'il gonfle (environ 15 à 20 minutes). Ajouter le reste du bouillon en brassant de temps à autre jusqu'à ce qu'il soit absorbé par le riz.

Ajouter les tomates, les champignons et la saucisse et laisser mijoter jusqu'à ce que tous les ingrédients soient bien chauds. Ajouter le persil juste avant de retirer la casserole du feu.

Ragoût de pommes de terre, jambon et fromage

Voici une recette idéale si vous cherchez un repas chaud, consistant et rapide à préparer. Vous pouvez cuisiner le ragoût dans un faitout ou dans une casserole posée sur un réchaud. Sinon, vous pouvez préparer le tout à la maison.

Donne **4** portions
Temps de préparation : **5** minutes   Temps de cuisson : **20** minutes

2 c. à soupe	**de margarine**
1	**oignon finement haché**
1¹/₂ c. à soupe	**de farine tout usage**
1 tasse/240 ml	**de lait ou de lait en poudre reconstitué**
	Sel et poivre, au goût
250 g	**de jambon cuit coupé en dés**
2	**pommes de terre finement tranchées**
¹/₂ tasse	**de fromage cheddar râpé**
1 c. à soupe	**de chapelure**

À la maison :

Préchauffer le four à 200 °C/400 °F. Faire fondre la margarine dans une petite casserole et faire sauter l'oignon pendant environ 1 minute. Ajouter graduellement la farine en brassant continuellement pour former une pâte. Verser graduellement le lait jusqu'à ce que la sauce épaississe. Assaisonner au goût.

Déposer le jambon et les pommes de terre dans une casserole et ajouter la sauce. Faire cuire pendant 15 minutes, retirer du feu, saupoudrer de fromage cheddar et de chapelure et faire cuire pendant encore 5 minutes. Retirer du feu et laisser refroidir. Emballer dans un sac hermétique. Réfrigérer jusqu'au départ et consommer dans les deux jours qui suivent.

Au camp :

Poser une feuille de papier d'aluminium au fond du faitout ou graisser une grande casserole, puis y déposer le jambon et les pommes de terre.

Faire la sauce tel qu'indiqué ci-dessus avant de la verser sur le jambon et les pommes de terre. Faire cuire à feu moyen pendant 15 à 20 minutes. Saupoudrer de fromage râpé et de chapelure et faire cuire pendant encore quelques minutes jusqu'à ce que le fromage soit fondu. Servir avec une louche.

Couscous au curry

Le couscous est un grand ami du campeur puisqu'il cuit plus rapidement que le riz, qu'il gonfle plus facilement et qu'il offre une texture et une saveur très intéressantes.

Donne **4** portions
Temps de préparation : **5** minutes   Temps de cuisson : **10** minutes

1 tasse	**de légumes mélangés (comme des pois, des carottes et des haricots)**
1 c. à thé	**de poudre de curry**
1 cube	**de bouillon de bœuf**
1 c. à soupe d'huile	
1 tasse/180 g	**de couscous**

À la maison :
Préparer les légumes déshydratés (consulter la page 19). .

Au camp :
Verser 1 1/2 tasse/360 ml d'eau dans une casserole de taille moyenne. Ajouter les légumes, la poudre de curry, le cube de bouillon de bœuf émietté et l'huile et faire bouillir le tout. Lorsque le mélange a atteint le point d'ébullition, ajouter le couscous et bien mélanger. Retirer immédiatement du feu, couvrir et laisser reposer de 5 à 10 minutes jusqu'à ce que le couscous soit tendre. Servir chaud

Beignets au maïs

Vous pouvez préparer tous les ingrédients secs de cette recette à la maison et les emballer dans un sac pour gagner du temps. Ces beignets sont délicieux lorsque servis avec le ragoût au poulet et aux pommes (p.95) et avec le pain de viande (p.100).

Donne **4** portions
Temps de préparation : **7** minutes   Temps de cuisson : **4** à **5** minutes

120 ml	**de lait ou de lait en poudre reconstitué**
1 c. à soupe	**d'œuf en poudre**
1/2 c. à thé	**de sel**
1 1/2 c. à thé	**de levure chimique**
120 g	**de farine tout usage**
150 g	**de maïs séché ou lyophilisé**
1 c. à soupe	**d'huile**
	Poivre, au goût

À la maison :

Mélanger tous les ingrédients à l'exception du maïs et de l'huile et bien incorporer avant de les emballer dans un sac en plastique ou un contenant hermétique.

Au camp :

Faire tremper le maïs dans 475 ml d'eau chaude pendant 5 minutes et égoutter.
Ajouter le maïs aux ingrédients secs et bien mélanger. Ajouter un peu de farine en versant 1 c. à thé à la fois jusqu'à ce que le mélange se transforme en pâte épaisse.
Faire chauffer l'huile dans une poêle à feu élevé et verser de grosses cuillérées à soupe de pâte dans la poêle. Réduire le feu et faire cuire pendant 2 à 3 minutes jusqu'à ce que le dessous du beignet brunisse. Retourner et faire cuire l'autre côté pendant 1 à 2 minutes. Servir immédiatement.

Mexican rice

La diversité des ingrédients fait de ce riz un mets d'accompagnement hors de l'ordinaire. Vous pouvez aussi doubler les portions pour en faire votre plat principal. Savourez-le avec le chili aux lentilles (p.94), le poisson en papillote (p.102) ou le pain de viande (p.100).

Donne **2** portions
Temps de préparation : **10** minutes   Temps de cuisson : **10** minutes

1 tasse/190 g	**de riz**
1/2 tasse	**de maïs**
1 c à soupe	**d'oignons tranchés**
1 c. à soupe	**d'olives noires tranchées**
✦ **1/4 de tasse**	**de tomates hachées**
✦ **1/4 de tasse**	**de piment rouge fort coupé en dés**
2 c. à soupe	**d'assaisonnement au chile**
Sel et poivre, au goût	
Fromage râpé, facultatif	

À la maison :

Lorsque vous déshydratez les légumes, préparez de grosses portions et prenez la quantité nécessaire pour chaque recette. Pour cette recette de riz, vous pouvez emballer ensemble tous les légumes séchés dans un sac hermétique.

Au camp :

Faire bouillir 1 tasse/240 ml d'eau salée dans une casserole et ajouter le riz. Couvrir et laisser mijoter pendant 15 minutes jusqu'à ce que tout le liquide soit absorbé et que le riz gonfle et soit tendre. Laisser reposer au chaud.

Dans une autre casserole, faire bouillir 1 tasse/240 ml d'eau et ajouter le maïs, les oignons, les olives, les tomates et le piment. Ajouter l'assaisonnement au chili et assaisonner au goût. Le mélange doit être humide sans être liquide. Verser le riz dans le mélange de légumes et servir bien chaud. Si vous désirez utiliser cette recette comme mets de base pour un plat de riz tout-en-un, il suffit d'y ajouter des morceaux de bœuf, de dinde ou des fèves et de les faire cuire assez longtemps pour qu'ils se réchauffent et s'incorporent au riz.

Saupoudrer le riz d'un peu de fromage râpé avant de servir.

Pommes de terre à la normande

Il s'agit d'une façon très pratique de servir des pommes de terre en accompagnement au cours de votre randonnée puisque tous les ingrédients dont vous avez besoin pour préparer cette délicieuse recette peuvent être emballés dans le même sac.

Chaque sac donne **4** portions
Temps de préparation : **10** minutes, plus la déshydratation
Temps de cuisson : **20** minutes à la maison et **20** minutes au campement

1,8 kg/environ 4 lb	**de pommes de terre**
2 tasses	**de lait en poudre**
1 tasse	**de fromage parmesan râpé**
2	**oignons tranchés**
1/2 tasse de	**morceaux de bacon**
1/2 tasse de	**farine tout usage**
1/2 tasse de	**succédané de crème en poudre**
	Sel et poivre, au goût

À la maison :

Peler les pommes de terre et les faire bouillir pendant 20 minutes. Égoutter et laisser refroidir. Couper les pommes de terre en tranches de 5 mm, déposer les tranches sur une grande tôle et les faire déshydrater au four à environ 56 °C/130 °F pendant 5 ou 6 heures. Diviser les pommes de terre déshydratées en quatre portions et emballer chaque portion dans un sac. Déposer un quart du lait en poudre, du parmesan, des tranches d'oignon, des morceaux de bacon, de la farine et du succédané de crème dans chaque sac. Assaisonner au goût. Refermer les sacs.

Au camp :

Pour réhydrater les sacs, ajouter assez d'eau pour couvrir le contenu de chacun et laisser reposer pendant 1 heure pour réhydrater les aliments.
Lorsque les aliments sont reconstitués, déposer le contenu des sacs dans une casserole et faire bouillir. Couvrir et laisser mijoter jusqu'à ce que les pommes de terre épaississent. Retirer du feu et laisser reposer de 5 à 10 minutes. Faire gonfler à l'aide d'une fourchette et servir chaud.

Pommes de terre et haricots verts

Bien qu'il soit possible de déshydrater tous les légumes utilisés dans ce mets d'accompagnement avant votre départ et de les réhydrater pendant 30 à 45 minutes lors de votre excursion, il est tout de même recommandé d'utiliser des légumes frais. Quelle que soit la méthode utilisée, il s'agit ici d'une combinaison de légumes à la fois simple et nourrissante.

Donne **4** portions
Temps de préparation : **5** minutes   Temps de cuisson : **5** à **10** minutes

- **3**   **pommes de terre de taille moyenne, bouillies et tranchées**
- **1/2 tasse**   **de haricots verts cuits ou 250 g de haricots verts frais**
- **1**   **oignon tranché**
- **1 sachet de 110 g**   **de poudre de soupe à l'oignon instantanée**

Au camp :

Déposer les légumes au centre d'une feuille de papier d'aluminium et saupoudrer de poudre de soupe à l'oignon. Plier le papier d'aluminium pour former une papillote et

déposer près du feu ou du réchaud jusqu'à ce que tous les ingrédients soient chauds ou bien cuits.

Salade de chou et de carottes

Ce mets d'accompagnement original est particulièrement délicieux lorsque servi avec le risotto aux saucisses (p.105) ou comme plat principal à l'heure du dîner.

Donne **4** portions   Temps de préparation : **5** minutes

- **¹/₂ tasse de chou tranché en filaments**
- **¹/₂ tasse de carottes tranchées**
- **Une pincée de sel de céleri**
- **¹/₄ de tasse/80 g de raisins secs**
- **1 c. à soupe d'huile**
- **1 c. à soupe de vinaigre de vin rouge**

À la maison :

Couper le chou et les carottes avant de les déshydrater au four (consulter la page 19). Pour produire ¹/₂ tasse de légumes, vous devrez utiliser au moins 450 g de produits frais. Ranger dans des sacs hermétiques.

Au camp :

Réhydrater le chou et les carottes en les faisant tremper dans 1¹/₂ tasse/360 ml d'eau pendant 20 à 25 minutes. Égoutter et ajouter le sel de céleri.
Ajouter les raisins secs, l'huile et le vinaigre et mélanger le tout. Servir froid.

La salade de chou du campeur

Qu'il fasse chaud ou froid, ce mets d'accompagnement facile à préparer saura vous rafraîchir. Vous pouvez utiliser du chou et de l'oignon déshydraté et les mélanger à la maison pour sauver du temps.

Donne **4** à **6** portions   Temps de préparation : **10** minutes

1 chou de taille moyenne finement tranché
½ concombre pelé et finement haché
1 oignon tranché
1 c. à soupe de raisins secs (facultatif, mais conseillé)
Sel, au goût
1 tasse/240 ml de mayonnaise
¼ de tasse de jus d'orange non sucré

À la maison :
Trancher finement le chou, l'étendre sur une grande plaque à pâtisserie et le faire déshydrater au four à environ 55 °C/130 °F pendant 5 ou 6 heures.

Au camp :
Réhydrater le chou en le déposant dans un bol et en le couvrant d'eau. Ajouter autant d'eau que nécessaire pour reconstituer complètement le chou, puis égoutter. Mélanger le chou, le concombre, l'oignon, les raisins et le sel dans un bol. Mélanger ensemble la mayonnaise et le jus d'orange avant de les verser sur le chou. Bien mélanger pour enrober les légumes. Servir froid.

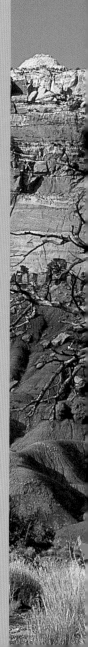

Pains et gâteaux

Le pain est un grand ami des campeurs, car il est très polyvalent. Il complète tous les plats à merveille. Le pain croustillant et le pain de seigle se conservent pendant plusieurs jours. Lorsqu'ils durcissent, vous pouvez les couper en petits morceaux et en ajouter dans les ragoûts ou autres mets. Plusieurs recettes qui suivent peuvent être préparées au camp ou à la maison. Bon appétit !

Pain du sentier

Lorsque vous sentirez l'odeur du pain qui cuit, vous saurez que l'effort en vaut grandement la peine. Cette recette a été développée par des colons américains qui se déplaçaient vers l'ouest à bord de wagons de train. L'usage du faitout vous facilitera extrêmement la tâche. Vous pouvez aussi cuisiner le pain à la maison avant votre départ puisqu'il se congèle très bien. Il se conserve pendant trois ou quatre jours de randonnée, voire un peu plus dans les climats plus frisquets. Il s'agit d'une recette polyvalente : vous pouvez ajouter plus de miel et enlever la même quantité d'eau, ou alors ajouter des raisins secs ou du salami finement tranché.

Donne 2 pains (30 à 36 tranches)
Temps de préparation : 5 minutes   Temps de cuisson : 45 minutes

1/3 de tasse	de miel
2 1/2 c. à soupe	de levure sèche active
3 tasses/720 ml	d'eau chaude
2 c. à soupe	d'huile végétale
2 c. à soupe	de sel
1,2 kg/environ 2,65 lb	de farine panifiable

Au camp :

Dans un grand bol, dissoudre le miel et la levure dans de l'eau chaude et laisser reposer pendant environ 10 minutes.

Ajouter l'huile, le sel et 4 tasses (480 g) de farine. Ajouter graduellement le reste de la farine jusqu'à obtenir une pâte ferme. Retirer la pâte du bol et pétrir sur une surface légèrement farinée pendant 10 à 15 minutes jusqu'à ce qu'elle soit molle.

La pâte ne doit pas coller sur les mains. Déposer dans un bol légèrement huilé, couvrir et laisser lever la pâte pendant environ 1 heure. La pâte doit être chaude, alors il est préférable de la déposer près du feu ou du réchaud si l'air ambiant est frais.

Diviser la pâte en deux portions égales et former les pains. Envelopper les deux pains dans un linge humide pour faire lever la pâte pendant encore 35 à 40 minutes jusqu'à ce qu'elle ait doublé de volume.

Pendant ce temps, préchauffer le faitout à feu moyen-fort. Faire cuire les pains pendant 45 à 60 minutes. Les pains sont prêts lorsqu'ils émettent un son creux si vous frappez la base. (Si vous faites cuire les pains à la maison, réglez le four à 190 °C/375 °F). Servir chaud avec du miel ou du beurre.

Pain australien

Ce pain originaire d'Australie peut être cuit dans un faitout, mais il est encore plus savoureux lorsque préparé sur les braises d'un feu de camp.

Donne **1** gros pain
Temps de préparation : **10** minutes   Temps de cuisson : **30** minutes

4 tasses/480 g	**de farine tout usage**
1/2 c. à thé	**de sel**
2 c. à soupe	**de beurre**
1 1/2 tasse/360 ml	**de lait ou de lait en poudre reconstitué**

Au camp :

Mélanger la farine et le sel dans un grand bol. Pétrir avec du beurre en utilisant les mains pour obtenir une texture semblable à de la chapelure. Creuser un puits au centre pour y verser du lait. Mélanger jusqu'à obtenir une pâte ferme. Déposer la pâte sur une surface légèrement farinée et pétrir pour former un rond. Déposer sur une plaque à pâtisserie graissée ou sur une feuille de papier d'aluminium avant de tracer des lignes entrecroisées sur le dessus de la pâte. Faire cuire dans un faitout reposant sur la braise du feu de camp pendant 30 minutes jusqu'à ce que le pain soit doré. Vous pouvez aussi déposer la pâte sur une plaque chauffante posée directement sur la braise. Servir chaud avec du beurre et du miel.

Banique

Ce pain a fait son apparition il y a plusieurs siècles en Écosse et en Irlande. Les émigrants ont fait le tour du monde avec cette recette et l'ont adaptée peu à peu. Traditionnellement, la banique est un pain plat sans levain fait avec de la farine d'avoine ou de la farine d'orge, et elle est habituellement préparée sur une plaque chauffante ou sur des pierres brûlantes. Vous pouvez ajouter des bleuets frais pour rendre ce pain encore plus délicieux. Puisque ce pain est facile à préparer et qu'il ne demande que très peu d'ingrédients, il est l'un des préférés des campeurs et on retrouve une grande variété de baniques aux quatre coins de la planète.

Donne **1** banique de 450 g/1 lb

Temps de préparation : **10** minutes   Temps de cuisson : **10** à **15** minutes

4 tasses/480 g	**de farine tout usage ou de fécule de pommes de terre**
2¹/₂ c. à soupe	**de levure chimique**
¹/₂ c. à thé	**de sel**
¹/₂ c. à thé	**de sucre**
Une noix	**de beurre**

Au camp :

Mélanger la farine, la levure, le sel et le sucre. Ajouter ensuite assez d'eau pour former une pâte épaisse et lisse ayant la même consistance que de la crème fraîche liquide. Faire chauffer une noix de beurre dans une grande poêle et verser de la pâte (environ 2,5 cm de hauteur). Déposer la poêle sur la braise.

Faire cuire de 5 à 7 minutes et retourner le pain pour faire cuire l'autre côté pendant 5 à 7 minutes jusqu'à ce qu'il soit doré. Vérifier que l'intérieur de la banique est bien cuit en perçant le centre à l'aide d'une broche. Si la pâte ne colle pas à la broche, c'est que le pain est bien cuit.

Pour servir, déchirer la banique avec vos mains plutôt que de la trancher avec un couteau et étendre du miel ou du beurre avant de la déguster.

Pain frit indien

Aussi connu sous le nom de Navajo Taco, ce pain est préparé par les Amérindiens depuis des siècles. On peut le déguster avec des garnitures salées ou sucrées ou le rouler dans du sucre pour en faire un dessert.

Donne **24** pains ronds
Temps de préparation : **25** minutes
Temps de cuisson : **2** à **3** minutes chacun

2 tasses/240 g	**de farine tout usage**
2 c. à thé	**de levure chimique**
1/4 de tasse	**de sucre, facultatif**
1/2 tasse	**de lait en poudre**
Une pincée	**de sel**
1 tasse/240 ml	**d'eau tempérée**
	Huile végétale pour la friture

Au camp :

Mélanger la farine, la levure, le sucre, le lait en poudre et le sel dans un grand bol. Ajouter l'eau tempérée (pas de l'eau chaude) et mélanger avec une fourchette et avec vos mains pour produire une pâte molle. Laisser reposer la pâte pendant 30 minutes pour la faire lever. Arracher des morceaux de pâte pour former des boules de la grosseur d'une balle de golf et aplatir les boules. Verser de l'huile dans une poêle (environ 2,5 cm de hauteur) et faire chauffer à 180 °C/350 °F. Tester si l'huile est à la bonne température en déposant un bout de pâte dans l'huile – s'il se met immédiatement à grésiller, c'est que l'huile est assez chaude. Faire frire 3 à 4 boulettes de pâte à la fois pendant 1 à 2 minutes jusqu'à ce qu'elles soient dorées. Retirer de la poêle, égoutter et servir bien chaud. Servir avec des garnitures salées comme du fromage ou des viandes cuites. Replier pour former un taco. Vous pouvez aussi les servir avec des garnitures sucrées comme du sucre, du miel, du sirop d'érable et des petits fruits, ou alors les faire rouler dans de la cannelle et du sucre.

Petits conseils du campeur :

• Transportez un crochet en forme de S. Vous pouvez accrocher l'une des extrémités sur un trépied improvisé sur place et suspendre le manche d'une casserole à l'autre extrémité. S'il y a assez de bois pour allumer un feu, c'est qu'il y a en assez pour fabriquer des ustensiles de base comme des tiges ou des broches

Crêpes classiques

Ce mets est l'un des préférés d'Amérique du Nord et s'avère encore plus délicieux lorsque cuisiné sur une poêle ou une plaque chauffante autour d'un feu de camp. Les ingrédients secs peuvent être rassemblés à la maison.

Donne **12** portions
Temps de préparation : **10** minutes   Temps de cuisson : **3** minutes

3 tasses/360 g	**de farine**
1 tasse/160 g	**de semoule de maïs**
2 c. à soupe	**de levure chimique**
3 c. à soupe	**de sucre**
1 c. à thé	**de sel**
4	**œufs ou un équivalent d'œufs en poudre**
Huile végétale	
3 tasses/720 ml	**de lait**
2	**gouttes d'extrait de vanille**

Au camp :

Dans un grand bol, mélanger ensemble la farine, la semoule de maïs, la levure, le sucre et le sel. Battre les œufs et les verser dans le mélange de farine avec 40 ml d'huile, le lait et la vanille. Fouetter avec une fourchette pour obtenir une pâte à frire mince.
Laisser reposer la pâte pendant quelques minutes pour qu'elle épaississe.
Faire chauffer une poêle et ajouter 1 c. à soupe d'huile. Verser assez de pâte, soit environ 2 c. à soupe, pour former une crêpe de 15 cm de diamètre. Faire cuire pendant 1 à 2 minutes. Retourner la crêpe et faire cuire pendant encore une minute jusqu'à ce qu'elle soit dorée. Servir avec de la confiture, des fruits, du miel, du jus de citron et du sucre.

Beignes au miel

Les beignes au miel sont faciles et rapides à préparer et sont tout simplement divins lorsque servis frais et bien chauds. L'élément clé pour réussir les beignes est de bien régler la température de l'huile; c'est ainsi que les beignes pourront s'étendre et cuire comme il se doit. Si l'huile est trop froide, les beignes seront trop huileux, et si l'huile est trop chaude, les beignes risquent de brûler. Faites d'abord un test en déposant de petits morceaux de beignets dans l'huile. Si le mélange gonfle immédiatement, c'est que la température de l'huile est parfaite.

Donne **12** portions   Temps de préparation : **15** minutes
Temps de repos : **3** heures   Temps de cuisson : Quelques secondes

1 c. à soupe	**de levure sèche active**
½ tasse/120 ml	**d'eau tempérée**
1	**œuf ou l'équivalent en poudre**
½ c. à thé	**de sel**
1 c. à soupe	**d'huile végétale et une quantité supplémentaire pour faire frire les beignes**
3 tasses/360 g	**de farine tout usage**
1 c. à thé	**de sucre**
	Miel, au goût
	Cannelle, au goût

Au camp :

Mélanger la levure et l'eau dans un grand bol. Ajouter l'œuf, le sel, 1 c. à soupe d'huile, la farine, le sucre et le lait pour obtenir une pâte bien ferme.
Pétrir la pâte sur une surface farinée pendant 4 à 5 minutes. Laisser reposer dans un endroit chaud pendant 2 heures jusqu'à ce que le volume de la pâte ait doublé.
Rouler la pâte pour l'aplatir et la couper en quatre carrés. Laisser reposer pendant 1 autre heure pour faire lever la pâte. Pour faire frire la pâte, verser de l'huile (4 à 5 cm de hauteur) dans une grande poêle et faire chauffer. Déposer 3 à 4 boulettes de pâte à la fois. Faire frire pendant quelques secondes et retirer les beignes lorsqu'ils sont dorés. Égoutter et servir chaud. Tremper dans du miel ou saupoudrer de cannelle.

121

Pain aux bananes

Vous pouvez préparer ce pain aux bananes nutritif à la maison puisqu'il se conserve bien lors d'une randonnée, ou alors le cuisiner au campement dans un faitout.

Donne **1** pain de 450 g/1 lb

Temps de préparation : **10** minutes   Temps de cuisson : **50** à **60** minutes

³/₄ de tasse/225 g	**de miel**
¹/₄ de tasse	**de beurre ou d'huile**
2	**œufs ou un équivalent d'œufs en poudre**
4	**bananes**
¹/₂ tasse/120 ml	**de babeurre**
¹/₂ c. à thé	**d'extrait de vanille**
2¹/₂ tasses	**de farine tout usage**
1 c. à thé	**de bicarbonate de soude**
1 c. à thé	**de sel**
1 tasse/150 g	**de noix hachées**
¹/₂ tasse/110 g	**de brisures de chocolat**

À la maison :

Préchauffer le four à 350 °F/180 °C. Graisser un moule à pain de 23 x 12 cm. Mélanger le miel et le beurre dans un grand bol et ajouter les œufs. Réduire les bananes en purée avant de les ajouter au mélange avec le babeurre et la vanille. Battre jusqu'à ce que le mélange soit lisse. Incorporer la farine, le bicarbonate de soude et le sel, puis ajouter les noix et les brisures de chocolat. Verser le mélange dans le moule à pain et faire cuire pendant 1 heure. Vérifier si le pain est prêt en insérant une broche au centre. Si la broche en ressort bien propre, c'est que le pain est prêt. Retirer du moule et laisser refroidir. Envelopper dans du papier d'aluminium – le pain se conserve pendant plusieurs jours.

Au camp :

Déposer du papier d'aluminium sur la base et sur les côtés du faitout.

Suivre les instructions indiquées ci-dessus pour préparer le mélange avant de le verser directement sur le papier d'aluminium. Déposer des braises sur le couvercle pour que le mélange cuise sur le dessus et en dessous. Faire cuire pendant 1 heure. Vérifier si le pain est prêt en suivant la méthode indiquée ci-dessus. Retirer du faitout en tenant les deux côtés du papier d'aluminium et en soulevant le pain. Laisser refroidir avant de servir.

Muffins au chocolat

Vous pouvez cuisiner ces muffins à la maison et les faire congeler jusqu'à leur consommation ou alors les faire cuire dans un faitout lors de votre randonnée en nature. Si vous les préparez à la maison, faites-les décongeler la veille de votre départ et ils se conserveront pendant environ une semaine dans presque n'importe quelles conditions.

Donne **12** portions
Temps de préparation : **10** minutes   Temps de cuisson : **15** à **20** minutes

3	**œufs ou un équivalent d'œufs en poudre**
1¹/₂ tasse/300 g	**de sucre**
²/₃ de tasse	**d'huile**
¹/₃ de tasse	**de compote de pommes en purée**
1 c. à soupe	**d'extrait de vanille**
1 tasse/150 g	**de noix hachées**
1 tasse/225 g	**de brisures de chocolat**
2¹/₂ tasses/300 g	**de farine tout usage**
1 c. à thé	**de levure chimique**
1 c. à thé	**de bicarbonate de soude**
¹/₂ c. à thé	**de sel**
1 c. à soupe	**de cannelle, facultatif**
¹/₂ tasse/120 g	**de boisson chocolatée en poudre**

À la maison :

Préchauffer le four à 375 °F/190 °C. Mélanger ensemble les œufs, le sucre, l'huile, la compote de pommes, la vanille, les noix et les brisures de chocolat avec une fourchette ou un fouet. Tamiser et incorporer la farine, la levure, le bicarbonate de soude, le sel, la cannelle et le chocolat en poudre.
Verser le mélange dans 12 moules à muffins et faire cuire pendant 15 à 20 minutes ou jusqu'à ce qu'ils soient dorés.
Emballer dans des sacs hermétiques et faire congeler jusqu'à leur consommation.

Au camp :

Préchauffer le faitout sur la braise du feu.
Préparer le mélange tel qu'indiqué ci-dessus et verser dans des moules à muffins.
Faire cuire dans le faitout pendant 20 à 30 minutes ou jusqu'à ce qu'ils soient dorés.

Les plaisirs gourmets

Le camping se transforme en véritable festin ! Il n'y a rien de tel que de partager un bon repas à la belle étoile avec des amis et une bonne coupe de vin.

Les recettes qui suivent vous permettront de cuisiner des repas gastronomiques que vous pourrez partager entre amis dans les splendeurs de la nature. Ces recettes ne sont pas conçues pour les randonneurs qui voyagent avec peu de matériel, bien que certaines d'entre elles puissent être cuisinées sur des réchauds. Nous suggérons ici des mets pour les randonneurs capables de transporter tous les éléments nécessaires pour la préparation d'un repas gastronomique. Il ne vous reste plus qu'à mettre la table et à emballer tout votre bric-à-brac ainsi que quelques chandelles pour ajouter une touche d'éclat !

Poulet primavera

Au sens littéral, primavera signifie « printanier » en italien et fait référence à de jeunes légumes frais et tendres utilisés pour concocter une garniture légère et savoureuse pour le poulet. Terminez le repas avec un mémorable sundae fruité à l'ananas.

Donne **8** portions
Temps de préparation : **15** minutes   Temps de cuisson : **20** minutes

2 c. à soupe	d'huile
900 g	de poitrine de poulet sans peau et coupée en petits cubes
1/3 de tasse	de farine de maïs
4 tasses/960 ml	de bouillon de poulet
1 tête	de fleurons de brocoli
1	poivron vert coupé en dés
1	poivron rouge coupé en dés
2	carottes finement tranchées
2	oignons finement tranchés
450 g	de spaghettis
2 c. à soupe	de fromage parmesan râpé
	Sel et poivre, au goût

Au camp :

Faire chauffer l'huile dans une poêle et faire sauter le poulet pendant environ 10 minutes ou jusqu'à ce qu'il soit doré, croustillant et bien cuit. Retirer du feu et garder au chaud. Mélanger la farine de maïs avec 1/2 tasse/120 ml de bouillon pour former une pâte lisse. Verser le reste du bouillon dans une grande casserole. Faire cuire à feu moyen et ajouter le brocoli, les poivrons, les carottes et l'oignon et porter à ébullition. Réduire le feu et faire chauffer à feu doux pendant 7 à 10 minutes ou jusqu'à ce que les légumes soient tendres. Ajouter la pâte de farine de maïs et remuer continuellement jusqu'à ce que le mélange bouille et épaississe. Ajouter le poulet et faire chauffer le tout.

Dans une casserole, faire bouillir de l'eau salée et faire cuire les spaghettis à forte ébullition pendant 8 à 10 minutes jusqu'à ce qu'ils soient al dente. Égoutter.

Servir les spaghettis dans de grands bols et couvrir de poulet et de légumes.

Saupoudrer de parmesan et assaisonner au goût.

Sundae à l'ananas

Donne **8** portions   Temps de préparation : **10** minutes

2	**ananas frais coupés en morceaux**
300 g	**de tranches d'orange sucrée**
2	**bananes coupées en morceaux**
4 c. à soupe de	**gingembre cristallisé finement haché**
4 tasses/960 ml	**de yogourt nature**
2 c. à thé	**d'extrait de vanille**
2 c. à thé	**de sucre**

Au camp :

Mélanger l'ananas, l'orange, les bananes et une grande partie du gingembre dans un bol.
Dans un autre bol, mélanger le yogourt, la vanille et le sucre.
Verser successivement une couche du mélange de fruits et une couche du mélange de
yogourt dans des verres à pique-nique colorés, puis saupoudrer avec le reste du gingembre
haché et servir.

Kebabs floridiens à l'agneau

Les kebabs à l'agneau sont délicieux et parfaits pour une fête. Bien que l'État du soleil ne soit pas reconnu pour ses moutons, ces kebabs floridiens doivent leur nom aux orangers typiques de la Floride. Il est suggéré de préparer la marinade et d'y ajouter l'agneau la veille pour que les saveurs soient bien absorbées au moment de mettre la viande sur le gril. Terminez le repas avec le Délice aux pêches, un dessert tout simple infusé au rhum.

Donne **8** portions
Temps de préparation : **20** minutes   Temps de cuisson : **30** minutes

1,2 kg	**d'agneau désossé et coupé en dés**
3 c. à soupe	**de coriandre moulue**
4 tasses/960 ml	**de jus d'orange frais**
2/3 de tasse	**de liqueur d'orange, facultatif**
1	**piment jalapeño sans pépins et coupé en petits morceaux**
6	**oranges pelées sans pépins et coupées en morceaux**

À la maison :

Bien assaisonner les cubes de viande avec la coriandre moulue. Dans un grand bol, mélanger la viande avec le jus d'orange, la liqueur et le piment.
Couvrir et laisser mariner au réfrigérateur pendant toute la nuit.
Transférer la viande et la marinade dans un grand contenant en plastique avant de quitter la maison et réfrigérer.

Au camp :

Faire chauffer le gril à feu moyen. Sortir deux bols, soit un pour la viande et l'autre pour les tranches d'orange.
Verser la marinade dans une petite casserole, faire bouillir et laisser mijoter sans couvercle jusqu'à ce qu'elle se transforme en sauce collante à l'orange. Laisser reposer.
Prendre une broche et enfiler un morceau d'agneau suivi d'une tranche d'orange et continuer ainsi en alternance jusqu'à ce que la broche soit remplie. Répéter avec les autres broches. Déposer les brochettes sur le gril et faire cuire selon vos goûts.
Retirer la viande et les tranches d'orange des broches, déposer le tout dans des assiettes et verser de la sauce. Servir avec des pommes de terre à la normande (p.110) et une salade verte si le cœur vous en dit.

Délice aux pêches

Donne **8** portions   Temps de préparation : **20** minutes

1,8 kg	**de pêches fraîches, pelées, tranchées et sans noyau**
1¹/2 c. à thé	**de gingembre moulu**
1¹/3 tasse/320 ml	**de double-crème**
2 c. à soupe	**de rhum**

À la maison :

Réduire les pêches et le gingembre en purée et ranger dans un contenant hermétique. Réfrigérer.

Au camp :

Verser la purée de pêche dans un grand bol, ajouter la double-crème et le rhum. Servir dans de jolis verres ou dans des bols

Goulache

Commencez le repas avec ce plat classique que vous pouvez faire en un rien de temps si vous êtes pressé, ou que vous pouvez faire mijoter à feu doux pour en rehausser la saveur et vous permettre de bavarder avec vos amis. Terminer la soirée avec des fruits grillés. Il s'agit ici d'un dessert décadent pour lequel tout le monde peut mettre la main à la pâte !

Donne **8** portions   Temps de préparation : **10** minutes
Temps de cuisson : **20** à **30** minutes
(mais vous pouvez le laisser mijoter bien plus longtemps)

2 c. à soupe	**d'huile**
900 g	**de bœuf maigre coupé en dés**
2	**oignons finement hachés**
2 conserves de 450 g	**de tomates hachées**
1	**poivron vert coupé en dés**
1	**bâtonnet de céleri tranché**
2 c. à soupe	**de paprika**
1 c. à thé	**de basilic séché**
1 c. à thé	**de marjolaine**
	Sel et poivre, au goût
1 tasse/240 ml	**de crème sure**
3 tasses/170 g	**de nouilles sèches aux œufs**
Un bouquet	**de persil haché**

Au camp :

Faire chauffer l'huile dans une grande poêle. Saisir la viande dans l'huile brûlante jusqu'à ce que les deux côtés brunissent. Retirer du feu et laisser reposer.
Faire sauter les oignons pendant 5 minutes jusqu'à ce qu'ils soient tendres. Ajouter les tomates, le poivron, le céleri, le paprika, le basilic, la marjolaine et assaisonner au goût. Remettre la viande dans la poêle, ajouter la crème sure et mélanger jusqu'à ce que tous les ingrédients soient bien incorporés. Couvrir la poêle et laisser mijoter à feu doux pendant 30 minutes en remuant de temps à autre. Environ 10 minutes avant de servir la goulache, faire bouillir une casserole d'eau salée et y plonger les nouilles pour les faire cuire à forte ébullition pendant 5 à 8 minutes. Bien égoutter.
Servir les nouilles et couvrir de goulache. Saupoudrer de persil haché pour une finition gastronomique.

Fruits grillés

Donne **8** portions
Temps de préparation : **5** minutes   Temps de cuisson : **15** minutes

2,4 kg	**de fruits frais mélangés et hachés (comme des cerises, des bananes, des abricots, des prunes, des fraises, de l'ananas et des pêches)**
30 guimauves	
1 tasse/225 g	**de brisures de chocolat** **Crème ou yogourt nature pour servir**

Au camp :

Graisser légèrement une plaque à pâtisserie de 35 x 23 cm. Étendre également les fruits hachés sur toute la surface de la plaque et étaler les guimauves sur les fruits. L'objectif est de couvrir tous les fruits avec des guimauves pour qu'elles forment une couche sur les fruits en fondant.

Saupoudrer les guimauves de brisures de chocolat.

Couvrir la plaque avec une feuille de papier d'aluminium et s'assurer que les côtés soient bien refermés. Laisser reposer la plaque de pâtisserie sur le gril pendant 10 à 15 minutes pour faire fondre les guimauves et le chocolat.

Retirer du feu et enlever soigneusement le papier d'aluminium. Laisser refroidir pendant environ 3 minutes. Trancher et servir avec de la crème ou du yogourt.

Chili végétarien

Ce chili est non seulement nutritif et bon pour la santé, mais il déborde également de saveurs. Terminez le repas avec des bananes nappées de chocolat et d'un peu de rhum pour bien vous réchauffer avant la tombée de la nuit. Bien que ce dessert soit encore plus savoureux lorsqu'il est cuisiné sur les braises d'un feu de camp, vous pouvez aussi le faire cuire sur un gril ou un réchaud. Quelle que soit la méthode choisie, vous ne serez pas déçu !

Donne **6** portions
Temps de préparation : **10** minutes　　Temps de cuisson : **30** minutes

1¹/₂ tasse/360 ml	**de bouillon de légumes**
3	**courgettes/zucchinis hachés**
1 conserve de 450 g	**de tomates hachées**
2	**carottes coupées en dés**
1	**poivron vert coupé en dés**
1 c. à soupe	**d'assaisonnement au chile**
1 c. à thé	**de cumin moulu**
¹/₂ c. à thé	**de thym séché**
1¹/₂ tasse/225 g	**de haricots noirs en conserve égouttés**
1¹/₂ tasse/340 g	**de pois chiches en conserve égouttés**
1 c. à soupe	**d'huile**
4 tasses/750 g	**de riz à grains longs**
	Crème fraîche ou crème sure, pour servir

Au camp :

Faire bouillir le bouillon à feu moyen dans un grand chaudron et ajouter les courgettes, les tomates, les carottes, le poivron, l'assaisonnement au chile, le cumin et le thym. Reporter au point d'ébullition, couvrir et laisser mijoter à feu doux pendant 20 minutes. Ne pas trop faire cuire les légumes; ils doivent être tendres sans toutefois devenir pâteux. Ajouter les haricots noirs et les pois chiches et augmenter la température pour bien faire cuire pendant encore 5 minutes.

Faire chauffer l'huile dans une autre casserole et ajouter le riz en remuant bien jusqu'à ce que les grains soient enrobés. Ajouter 2 litres d'eau chaude et faire bouillir le tout. Remuer une fois et couvrir. Réduire le feu et laisser mijoter pendant 15 minutes jusqu'à ce que tout le liquide soit absorbé.

Servir avec de la crème sure et un peu de salade de tomates, concombre et oignons rouges (p.82).

Bananes nappées de chocolat

Donne 6 portions
Temps de préparation : 5 minutes   Temps de cuisson : 5 minutes

6	**bananes**
6 c. à soupe	**de brisures de chocolat**
4 c. à soupe	**de cassonade**
2 c. à soupe	**de rhum ou de cognac**

Au camp :

Peler une section de chaque banane pour que l'intérieur soit exposé. S'assurer que la pelure soit encore attachée à l'extrémité. Faire une entaille dans le sens de la longueur en s'assurant de ne pas couper à travers la banane, puis écarter soigneusement les deux parties de l'entaille pour former une cavité.

Verser des brisures de chocolat dans la cavité, puis recouvrir de cassonade et de 1 c. à thé de rhum ou de cognac. Répéter avec les autres bananes.

Remettre la pelure de banane en place et envelopper individuellement les bananes dans du papier d'aluminium. Déposer dans les braises du feu pendant 5 minutes ou jusqu'à ce que le chocolat et la cassonade soient fondus. Enlever le papier d'aluminium et l'utiliser comme plat pour servir les bananes.

Poulet aux amandes

Voici une combinaison parfaite pour un souper estival : cette recette de poulet aux amandes et le sabayon présenté à la page suivante débordent de saveurs, et, comme les deux plats ne sont pas très lourds, vous serez en mesure de faire une promenade à la belle étoile après le repas ou même de prendre un bain de minuit !

Donne **4** portions
Temps de préparation : **10** minutes   Temps de cuisson : **20** minutes

1 c. à soupe	**d'huile**
2	**grosses poitrines de poulet coupées en dés**
1	**oignon finement tranché**
2	**bâtonnets de céleri coupés en dés**
1	**carotte finement tranchée**
1/2 tasse/40 g	**d'amandes finement hachées**
2 c. à soupe	**de jus de citron**
1 tasse/240 ml	**de crème fraîche liquide**
	Sel et poivre, au goût
1/2 tasse/75 g	**de croûtons ou de cubes de pain croustillant**
1 tasse/110 g	**de fromage cheddar râpé**
	Riz ou nouilles, pour servir

Au camp :

Faire chauffer l'huile dans une poêle déposée sur la braise bien chaude et faire sauter le poulet pendant environ 10 minutes ou jusqu'à ce qu'il soit doré, croustillant et bien cuit. Retirer de la poêle et garder au chaud

Ajouter l'oignon, le céleri, les carottes et les amandes et remuer le tout pour s'assurer que tous les ingrédients soient bien enrobés d'huile. Faire sauter doucement pendant 2 à 3 minutes jusqu'à ce que les légumes soient tendres. Remettre le poulet dans la poêle avec le jus de citron et la crème. Remuer et assaisonner au goût. Saupoudrer de croûtons et de fromage et faire chauffer jusqu'à ce que le fromage fonde. Servir sur du riz ou des nouilles.

Sabayon

Donne **4** portions
Temps de préparation : **5** minutes   Temps de cuisson : **15** à **20** minutes

5	**jaunes d'œufs**
¹/₂ tasse/100 g	**de sucre**
¹/₂ tasse/240 g	**de vin de Marsala**

Au camp :

Faire bouillir une grande casserole remplie d'eau (6 cm de profondeur). Mélanger les jaunes d'œufs et le sucre dans une petite casserole et déposer celle-ci à l'intérieur de la grande casserole remplie d'eau. Remuer jusqu'à ce que le tout soit lisse. Ajouter le vin et remuer continuellement pour permettre au mélange de chauffer et d'épaissir. Dès que le mélange épaissit, servir chaud dans des verres ou des bols.

Poulet chasseur

Ce mets à la fois délicieux et nourrissant peut se déguster avec du pain croustillant frais et un bon vin français. Le dessert léger et rafraîchissant proposé à la page suivante est idéal après un plat principal aussi consistant.

Donne **8** portions
Temps de préparation : **10** minutes   Temps de cuisson : **20** à **25** minutes

2 c. à soupe	d'huile
8	poitrines de poulet coupées en tranches épaisses
	Sel et poivre, au goût
2 c. à soupe	de beurre
2	oignons finement hachés
3 tasses/210 g	de champignons tranchés
6	gousses d'ail hachées grossièrement
1 c. à soupe	de farine
1 tasse/240 ml	de bouillon de poulet
1/2 tasse/120 ml	de vin rouge
4	grosses tomates hachées
Une pincée	de thym séché
	Persil frais haché
	Purée de pommes de terre, pour servir

Au camp :

Faire chauffer l'huile dans une poêle à feu moyen et faire rôtir le poulet. Remuer fréquemment pour s'assurer que le poulet soit bien cuit et bien assaisonner. Retirer de la poêle et garder au chaud.

Ajouter du beurre dans la poêle et faire sauter l'oignon jusqu'à ce qu'il soit doré. Ajouter les champignons et l'ail et faire sauter pendant 5 minutes. Verser la farine dans le jus et remuer jusqu'à ce que le tout soit bien incorporé, puis ajouter le bouillon, le vin, les tomates et le thym.

Remettre le poulet dans la poêle, couvrir et laisser mijoter pendant 5 minutes ou jusqu'à ce qu'il soit bien chaud. Saupoudrer de persil et assaisonner au goût.

Servir avec de la purée de pommes de terre crémeuse.

Marmite de chocolat à la menthe

Donne **8** portions   Temps de préparation : **10** minutes

3/4 de tasse/150 g	**de sucre**
1/3 de tasse/75 g	**de cacao non sucré**
1/4 de tasse/30 g	**de farine tout usage**
2 1/3 tasses/560 ml	**de lait**
2	**jaunes d'œufs**
1 1/2 tasse/110 g	**de brisures de chocolat à la menthe**
1 c. à thé	**d'extrait de vanille**
1 c. à soupe	**de beurre**
2 tasses/225 g	**de fraises**

Au camp :

Dans une grande casserole, mélanger le sucre, le cacao et la farine et verser lentement le lait. Faire cuire à feu moyen en remuant fréquemment jusqu'à ce que le mélange épaississe et commence à bouillonner. Réduire le feu et faire cuire pendant encore 2 minutes avant de retirer du feu. Verser la moitié du mélange dans un bol et ajouter les jaunes d'œufs avant de les battre. Remettre le contenu du bol dans la poêle lorsque le tout est bien mélangé. Ajouter les brisures de chocolat à la menthe et porter doucement à ébullition en remuant constamment. Réduire le feu et laisser mijoter pendant encore 2 minutes en remuant de temps à autre. Ajouter la vanille et le beurre et laisser mijoter pendant encore 1 minute. Verser le mélange dans un contenant hermétique, laisser refroidir, couvrir et réfrigérer.

Servir avec des fraises fraîches non équeutées pour pouvoir les tremper dans le chocolat.

Jambalaya

La jambalaya est le plat préféré de notre famille. Nous l'avons préparé à maintes reprises lors de nos excursions dans la Forêt nationale d'Ocala, l'un des meilleurs endroits pour observer des ours noirs de Floride, qui se font de plus en plus rares.

Que la jambalaya soit cuisinée à la maison ou au camp, il s'agit d'une recette mémorable qui saura vous plaire. Vous pouvez également remplacer les saucisses par des cubes de poitrine de poulet et des crevettes pour transformer ce repas en un festin encore plus somptueux. Le dessert fruité proposé à la page suivante est quant à lui extrêmement rafraîchissant.

Donne **8** portions
Temps de préparation : **10** minutes   Temps de cuisson : **10** à **15** minutes

2 c. à soupe	**d'huile**
2	**oignons finement hachés**
8	**gousses d'ail broyées**
900 g	**de saucisses italiennes coupées en morceaux**
3 tasses/570 g	**de riz à grains longs**
3 tasses/720 ml	**de bouillon de poulet**
4	**grosses tomates hachées**
2	**poivrons verts tranchés**
1 c. à thé	**de cumin**
1 c. à soupe	**de tabasco**
	Sel et poivre, au goût

Au camp :

Faire chauffer l'huile dans une grande poêle à feu modéré. Faire sauter l'oignon et l'ail pendant 2 minutes jusqu'à ce qu'ils soient tendres. Ajouter la saucisse et faire cuire pendant encore une minute. Ajouter le riz, le bouillon, les tomates, le poivre, le cumin, le tabasco et assaisonner. Bien incorporer les ingrédients et faire bouillir. Couvrir et laisser mijoter pendant 10 à 15 minutes en remuant de temps à autre jusqu'à ce que le riz soit tendre.

Retirer du feu et laisser reposer. Couvrir jusqu'à ce que tout le liquide soit absorbé. Faire gonfler le riz à l'aide d'une fourchette avant de servir.

Merveille aux petits fruits

Donne **8** portions
Temps de préparation : **5** minutes   Temps de cuisson : **10** à **15** minutes

2 tasses/380 g	de riz sauvage ou de riz brun
4 tasses/600 g	de petits fruits frais (comme des mûres, des bleuets, des groseilles noires et des framboises)
2 tasses/480 ml	d'eau
1¹/₂ tasse/300 g	de sucre
¹/₂ c. à thé	de sel
4 c. à thé	de farine de maïs
2 c. à soupe	de jus de citron
	Crème fraîche liquide ou yogourt, pour servir

Au camp :

Faire cuire le riz dans l'eau bouillante jusqu'à ce qu'il soit tendre. Retirer du feu et garder au chaud. Déposer les petits fruits, 1¹/₂ tasse/360 ml d'eau, le sucre et le sel dans une casserole et remuer à feu doux jusqu'à ce que le sucre soit complètement dissous. Mélanger la farine de maïs avec le reste de l'eau (¹/₂ tasse/120 ml) pour former une pâte mince avant de la verser dans le sirop de fruits. Faire chauffer à feu moyen jusqu'à ce que la sauce épaississe et s'éclaircisse. Ajouter le jus de citron et le riz et faire chauffer le tout. Retirer du feu et servir tiède dans des bols avec du yogourt épais ou de la crème fraîche.

Truite farcie

Si vous avez de la chance ou si vous êtes un pêcheur expérimenté, vous serez peut-être en mesure de pêcher assez de poissons pour concocter ce repas. Sinon, vous pouvez les acheter. Le basilic et le romarin ajoutent une saveur délicieuse à la truite qui vous fondra dans la bouche après l'avoir cuite au-dessus du feu de camp. Terminez le repas avec une fondue au chocolat servie avec des fruits; un dessert apprécié de tous.

Donne **8** portions
Temps de préparation : **15** minutes   Temps de cuisson : **15** minutes

8	**truites de taille moyenne**
8	**gousses d'ail broyées**
4	**citrons, dont 3 coupés en deux et 1 coupé en 8 morceaux**
8	**brins de basilic frais**
8	**brins de romarin frais**
	Sel et poivre, au goût

Au camp :

Préchauffer le gril à feu moyen.

Préparer la truite en la nettoyant et en retirant les têtes.

Farcir l'intérieur des truites avec une tranche de citron, 1 gousse d'ail broyée, 1 brin de basilic et 1 brin de romarin. Assaisonner de sel et de poivre. Envelopper chaque poisson dans du papier d'aluminium et faire cuire sur le feu pendant 15 à 18 minutes. Sinon, vous pouvez faire frire le poisson dans une grande poêle. Le poisson est cuit lorsqu'il s'émiette facilement. Retirer les brins de basilic et de romarin avant de servir et répartir les morceaux de citron pour en extraire le jus sur le poisson.

Petits conseils du campeur :

- Gardez du citron pour vous frotter les mains après avoir cuisiné et terminé de manger. Le jus de citron éliminera toutes les odeurs de poisson.

- N'ayez pas peur de bien épicer vos plats avec de l'ail, du paprika ou du poivre de Cayenne, surtout lorsque les soirées sont plus frisquettes.

Fondue au chocolat

Donne **8** portions
Temps de préparation : **5** minutes   Temps de cuisson : **10** minutes

3 tasses/675 g	**de brisures de chocolat**
1 tasse/240 ml	**de lait**
4 tasses/600 g	**de fruits frais (comme des pommes, des bananes, des poires et des fraises coupées en gros morceaux.)**

Au camp :

Faire fondre les brisures de chocolat dans une casserole à feu doux en s'assurant de ne pas faire brûler le mélange. Ajouter le lait et brasser continuellement jusqu'à ce que le mélange commence à bouillonner doucement.

Retirer du feu et servir immédiatement dans la casserole déposée au centre de la table. Tout le monde peut alors tremper des morceaux de fruits dans le chocolat. Si quelqu'un perd son morceau de fruit dans le chocolat, les autres campeurs doivent lui imposer une conséquence !

Ressources et remerciements

POUR PLUS D'INFORMATIONS :

Survie et connaissance de la brousse

Essential Bushcraft, Mears, R., Coronet Books, 2003

How to Shit in the Woods: An Environmentally Sound Approach to a Lost Art, Meyer, K., Ten Speed Press, 1994

Map and Compass: The Art of Navigation, Hawkins, P., Cicerone Press, 2004

Mountain Leadership Training Boards of Great Britain, Langmuir, E., Scottish Council of Physical Recreation, 1969

Tom Brown's Field Guide to Wilderness Survival, Brown, T., Warner Books, 1989

Guides de nature

A Field Guide to Australian Wild Flowers, Hodgson, M. and Paine, R., Rigby, 1972

Collins Field Guide: Bird Songs and Calls of Britain and Northern Europe, Sample, G., Collins 1996

Collins Nature Guide: Healing Plants of Britain and Europe, Podlech, D., Collins, 1996

First Guide to Wildflowers, Peterson, Roger Tory, Houghton Mifflin 1998

Food for Free, Mabey, R., Collins, 2001

Guide to Wild Flowers of Britain and Europe, Aichele, D., Hamlyn, 2001

Identifying and Harvesting Edible and Medicinal Plants, Brill, S., Quill, 1994

National Geographic Guide to the National Parks of North America, National Geographic, 2003

Pick of the Bunch, Johnson, P., Longacre Press 1997

Tracking and the Art of Seeing, Rezendes, P., HarperCollins, 1999

FOURNISSEURS D'ÉQUIPEMENT DE CAMPING

Voici quelques sites Internet de fournisseurs d'équipement de camping et de plein air. Certains d'entre eux, comme Coleman, sont des manufacturiers qui possèdent des distributeurs dans les deux hémisphères. Consultez ces sites web pour découvrir le matériel disponible et pour choisir l'équipement qui répond le mieux à vos besoins. Lorsque vous achetez des vêtements et de l'équipement pour de la randonnée en nature, n'oubliez pas qu'il vaut mieux payer un peu plus cher pour du matériel de qualité. Ne lésinez pas sur votre confort ni sur votre équipement, car votre vie pourrait bien en dépendre.

www.berghaus.com Outdoor clothing, rucksacks, footwear

www.coleman.com Everything you need for the camp kitchen and campsite

www.kathmandu.com.au Outdoor clothing, rucksacks

www.lowealpine.com Outdoor clothing, rucksacks, boots

www.optimus.se Stoves

www.trangia.se Stoves

CRÉDITS PHOTO

L'éditeur aimerait remercier les photographes suivants pour leur contribution :

Andrew Cox pages 13, 74, 133 Chris Fryer pages 114–5 Getty Images pages 38, 141 Mats Hogberg pages 2, 8, 16, 21, 23, 28, 32, 34, 37, 47, 50, 57, 63, 64, 69, 73, 76, 79–80, 83, 87, 88, 92, 96, 99, 104, 107, 111, 114, 117, 124, 129, 131, 139 Amanda Leung pages 67, 91, 125, 127 NIAC pages 4, 27, 41, 135 Photonica page 31 Gill Nisbet pages 11, 50–1, 64–5, 76–7 Tracy Timson pages 1, 24, 113 *Trail* magazine pages 15, 18, 54, 92–3.

Index